W0413876

Christian E. Hannig wurde 1941 in Friedland geboren. Nach einer schriftstellerischen Ausbildung war er zunächst freier Mitarbeiter bei einer Tageszeitung, bevor er sich zum Fluglotsen ausbilden ließ. Als Ausgleich für diesen Streß-Job hat er sich viele naturverbundene Hobbys zugelegt: allgemeine Tier- und Pflanzenkunde, das Sammeln von Mineralien und Versteinerungen, Naturfotografie und natürlich das Reisen. Seit vielen Jahren unternimmt er im Alleingang ausgedehnte Abenteuerreisen per Rad, vom Roten Meer bis zum Nördlichen Eismeer, auf dem amerikanischen Kontinent bis hinauf nach Alaska und durch Australien. Mehr als eine Erdumrundung hat er inzwischen im Fahrradsattel zurückgelegt.
Bei Frederking & Thaler sind von ihm erschienen:

Island – Vulkane, Eis und Einsamkeit
Mit dem Fahrrad durch Alaska
Irisches Reisetagebuch
Abenteuer Mexiko
Polarlicht

0
50
100 km
N
Die Tour
Paß
Papa Westray
Westray
Orkney
Inseln
Mainland
Kirkwall
Scapa Flow
Dunnet head
Duncansby Head
Cape Wrath
Wick
Hebriden
Lewis
Stornoway
Assynt
Helmsdale
Harris
Ullapool
Dornoch
Moray Firth
Highlands
Loch
Maree
N. Uist
Benbecula
Culloden
S. Uist
Skye
Lecht
Barra
Five Sisters
Grampian Mountains
Vatersay
Devil's Elbow
Rannoch Moor
Glencoe
Pass off
Killikrankie
Nord-
see
Mull
Oban
Iona
The Trossachs
Firth of Forth
Atlantik
Edinburgh
Glasgow
Abbotsford
Melrose
Borders
Dumfries and Galloway
Antrim
North
Coast
Dumfries
Gretna Green
Larne
P.
William
Channel
Solway Firth
Nordirland
England
n. Dublin

Christian E. Hannig

Im Land der Schotten

Die Highlands, Hebriden und Orkneys

Ein Touren-Tagebuch

SIERRA

Die Deutsche Bibliothek – CIP-Einheitsaufnahme
Hannig, Christian E.:
Im Land der Schotten: die Highlands, Hebriden und Orkneys; ein Touren-Tagebuch / Christian E. Hannig. – München; Frederking und Thaler, 1999
(Reisen, Menschen, Abenteuer: Schottland)
ISBN 3-89405-077-2

REISEN · MENSCHEN · ABENTEUER

2. Auflage 2000
SIERRA bei Frederking & Thaler Verlag, München
© 1999 Frederking & Thaler Verlag, München,
in der Verlagsgruppe Bertelsmann GmbH
Alle Rechte vorbehalten
Fotos und Text: Christian E. Hannig
Umschlaggestaltung: Petra Dorkenwald, München
Herstellung: Sebastian Strohmaier, München
Satz: Uhl + Massopust, Aalen
Karte: Margret Prietzsch, Mammendorf
Reproduktion: RMO, München
Druck und Bindung: Presse-Druck Augsburg
Papier: Das Papier wurde aus chlorfrei gebleichtem Zellstoff hergestellt
ISBN 3-89405-077-2
Printed in Germany
www.frederking-und-thaler.de

Inhalt

Im Kielwasser eines Missionars

Wieder einmal sehe ich etwas schäbig aus. Alles, was ich am Körper trage, zeigt Verschleißspuren, läßt Second-hand-Ware vermuten. Setzte ich mich zu Hause so auf eine Parkbank – der Nachbar stünde womöglich auf und ginge. Schon Unrasiertsein läßt auf soziales Gefälle schließen. Gut so! Man muß es lernen, sich wohlzufühlen in solchem Outfit; aber wer von Land zu Land, oder besser, »von Mensch zu Mensch« reist, den lehrt das Leben dieses Wohlfühlen recht schnell.

Ich möchte gerade, das Rad schiebend, die Straße überqueren, als mich ein Mann anspricht: »Du fährst durch die Welt? Ach, ich möchte das auch! Wo willst du hin?« Ich zeige in die Richtung, in der ich Norden vermute: »Nach Schottland!« Er nickt: »Ein schönes Land!« Dann legt er mir mit väterlicher Geste die Hand auf die Schulter: »Viel Glück; Gott segne dich!« »Ja«, denke ich bei diesen Worten, »macht zu Hause Platz auf den Parkbänken! Ein solches ›God bless you!‹ aus irischem Herzen wiegt Verkanntwerden tausendfach auf.«

Man kann sich Schottland auf vielen Wegen nähern. Die Geschichte lehrt es. Von Norden kamen die Wikinger, von Süden die Römer, von Osten die Angelsachsen. Sie alle betraten das Land waffenstarrend. Eine rühmliche Ausnahme gab es: Fast 1500 Jahre ist es her, daß von der Küste Irlands eine »Curragh« in See stach;

an Bord des Bootes eine Gruppe Mönche und ihr geistiger Führer, ein gewisser Columba. Der Missionar hatte in Irland den Grundstein für viele Kirchen gelegt und war nun auf dem Weg, sein Werk weiter nördlich fortzusetzen. Das »Schwert« Columbas war die Bibel!

Auch ich nähere mich Schottland aus südwestlicher Richtung, habe irischen Boden unter den Rädern. Doch vom Bibelwort bin ich weit entfernt. Die Unruhen, die der *Oranier-Orden*[1] mit seinem Marsch durch katholisches Siedlungsgebiet ausgelöst hatte, sind noch nicht vergessen, da steht den Katholiken Nordirlands schon die nächste Provokation bevor, die Parade der Anhänger der *Apprentice Boys*. Jene protestantischen Lehrlinge schlossen einst vor den anrückenden Soldaten König James' II. die Tore Londonderrys und »bewahrten« damit die Stadt vor dem Katholizismus. Nicht vergessen, nicht verzeihen! Dafür Fahnenschwenken und Schmährufe. Columba missionierte einst die Urbevölkerung Schottlands. Der Norden seines Heimatlandes hätte heute selbst einen Missionar nötig. Das sind meine Gedanken, während ich mich per Rad der Antrimküste nähere.

Es regnet in Strömen. Ein Auto überholt mich und stoppt ein Stück voraus. In der Fensteröffnung wird ein Arm sichtbar. Die Hand hält eine Tasse. Solche »Angebote« vom Straßenrand kenne ich. Mit: »Was hast du dir nur für Wetter zum Radfahren ausgesucht?« werde ich zu einer Tasse Thermos-Tee eingeladen – im Stehen. Während ich dem Mann ein paar neugierige Fragen beantworte, verdünnt mir der Regen das Getränk. Ich kann den Frager beruhigen. Noch zehn oder fünfzehn Kilometer bis zum Hafen von Larne. Dort wartet ein trockenes Schiffsdeck auf mich. »Danke für den Tee!«

Es lohnt nicht, sich irgendwo unterzustellen. Von den Dächern, die hier keinen Überstand haben, bekäme ich einen Wasserschwall in den Nacken. Sie beschützen nur die Bewohner. Wie die tiefhängenden Regenwolken, lasse auch ich mich vom Wind weiterreißen.

Larne! Die Häuserfassaden wassergetränkt, die Straßen eine Pfützenlandschaft. Ein Sonnenstrahl würde die Stadt gewiß etwas schöner machen. Unter einem Regenschirm hervor das Lächeln zuckergeschädigter Zähne. »Du lebst ein süßes Leben, junge Lady«, denke ich – und: »Ein Lächeln des Himmels wäre mir lieber!«

Das Boot, in dem Columba saß, hatte noch fellbespannte Holzrippen. Mühevoll mußten es die Mönche durch die Wellen steuern. Der Jet-Liner, an dessen Bord ich nun das Rad schiebe, ist dagegen ein Stück modernster Schiffahrtstechnik. Dreißigtausend PS peitschen die See. Die Küste Nordirlands bleibt hinter Wassernebeln zurück.

Columba, so wird berichtet, ruderte mit seinen Begleitern so lange nach Norden, bis Irland außer Sicht war. Auf der Insel Iona betrat er schließlich schottischen (damals noch piktischen) Boden. Mein Seeweg sollte erheblich kürzer sein. Bei Milleur Point dreht die Fähre in Loch Ryan. Ihr Bug zeigt auf den Südwestzipfel des Landes. Hier beginnt *mein* Schottland. Iona hatte Zeit bis später.

Erste Radspur in die Geschichte

Ich habe keinen festen Tourenplan. Ein wenig werde ich dem Reiseführer folgen, doch auch vielem ausweichen, was er anpreist. Für Radler ist das Land eher ein Hindernis. Manche Bergstaffel gilt es zu umgehen, andere dagegen möchte ich trotzig niedertreten. Ansonsten: den Rat Einheimischer beherzigen, sich von Neugierde treiben lassen, auf Zufälle hoffen. Es führen nicht nur viele Wege *nach*, sondern auch *durch* Schottland. Am Ende steht sicher ein Reichtum an Erlebnissen.

Schottland beginnt mit wunderbaren »rolling hills«.

Es klart auf. Bei der Einfahrt in Loch Ryan hatte ich die ersten Berghänge mit Heideblüte gesehen, ein echt schottischer Willkommensgruß. Jetzt, da die Sonne durchbricht, zeigt das Land noch mehr Charakter. Knalliges Blumengelb auf Marschwiesen. Die Weidenröschen am Straßenrand stehen einen Meter hoch. Bäume, über Jahrhunderte von Sägezähnen verschont, wirken mit ihren knorrigen Wurzeln so erdverankert wie der schottische Nationalstolz. Ein Farmer muß sich über die vielen Maulwürfe auf seinem Land geärgert haben. Nun hängen sie in langer Reihe auf Stacheldraht gespießt. Schade! Überflüssige Mordopfer.

Der River Luce. Die erste Burg. Dann Glenluce Abbey. Erinnerungen an hohe Gäste: Schottlands Held Robert the Bruce, König James IV., Maria Stuart… Mit Passieren des Flusses habe ich »The Machars« erreicht, das frühchristliche Dreieck Schottlands. Schon lange vor Sankt Columba war hier eine Keimzelle des Christentums entstanden. Doch kein noch so inniges Gebet vermag den Himmel abzustützen. Es regnet schon wieder. Schottisches Wechselwetter.

Port William. Wie schnell die Kilometer vergehen! Die Stadt ist aus solidem Fels erbaut. Jedes ihrer Häuser ergäbe gut das Fundament für einen Leuchtturm. Hätte man weiter an ihnen gebaut, wäre aus so manchem eine Burg geworden. Ich entdecke ein B & B-Schild (Bed and Breakfast) und begebe mich in die Obhut einer gewissen Missis Ormean. Obhut ist für diese Bleibe das richtige Wort. Man fühlt sich »behütet«.

Zu später Stunde noch ein Gang ins *Five Arms*. Eigentlich müßte ich – wenn schon keinen Whisky – wenigstens ein McEwan's, oder Gillespie's trinken. Doch der Zufall will es anders. Die Handbewegung gilt mir: »Hier ist noch Platz!« Der Mann sitzt vor einem Glas Guinness und kommt – wie ich bald erfahren werde – aus Irland, aus dem Land, in dem man diesen Trank braut. Ein guter Grund, das gleiche zu bestellen.

Reisen haben mich immer wieder das Zuhören gelehrt.

»... Sie werden aber nicht nach England fahren?« forscht der Ire im Laufe des Gesprächs. Das Hintergründige der Frage ist nicht zu überhören. Wer die leidvolle Geschichte Irlands kennt, versteht solche Töne richtig. Mir ist nicht nach politischer Diskussion, aber als sich der Mann aus Enniskerry von mir verabschiedet, sagt er etwas, das des Nachdenkens wert ist: »Ob ein Land, das sich christlich nennt, auch wirklich christlich ist, erkennt man an seiner Geschichte!« Mit diesen Worten geht er.

Der Ire hatte keineswegs leise gesprochen. Alle im Raum mußten die versteckte »Anklage« vernommen haben; aber es gibt keinen Widerspruch, auch sehe ich keine Verlegenheitsmiene. Sind etwa nur Schotten und keine Engländer anwesend? Vom Tresen ein Wink: »Das ist für Sie!« Die Frau schiebt ein Glas Whisky in meine Richtung. Auf meine erstaunte Frage, wem ich den Drink verdanke, weiß sie scheinbar keine Antwort. Immerhin ist ihr Blick zur Tür so etwas wie ein stummer Hinweis: »Der Gast, der eben ging!«

Das Bier und der Whisky hatten sich schwer in die radmüden Knochen gesenkt. Auf dem Nachhauseweg denke ich ebenso müde: »Was ist christlich ...?« Ich beginne Länder zu vergleichen. Deutschland hatte seine geschichtliche Hypothek. In Amerika galt einst: »Nur ein toter Indianer ist ein guter Indianer.« Die Spanier löschten ganze Kulturen aus. Doch man brauchte gar nicht die Vergangenheit zu bemühen. In dem hinter mir liegenden Nordirland schießen Katholiken auf Protestanten und Protestanten auf Katholiken. »Was ist christlich ...?«

Vom »Mull of Galloway« blinkt das Leuchtturmfeuer herüber. Heinrich Böll würde sagen: »Es bellt!« Ich versuche an etwas anderes zu denken. Morgen fahre ich nach Whithorn, dann nach Wigtown und weiter nach Newton Stewart. Schottland liegt vor mir.

Morgendliches Sit-in der Möwen auf der Mole. Die Boote der Fischer scheinen im Schlamm des Hafenbeckens gestrandet; die nächste Flut wird sie wieder flottmachen. Ich radle durch das noch stille Port William. Die Bank, so ein Hinweis, bleibt heute geschlossen. Geschlossen ist auch die Kirche. Ihre Fenster sind zugenagelt. Ein alter englischer Briefkasten in »royal red« – »königlichem Rot«: Man kann Herrschaft durch vieles ausdrücken, es bedarf dazu keiner königlichen Standarte. Auf der Weiterfahrt wähle ich eine kleine Nebenstraße. Mannshoher Adlerfarn fächelt mir entgegen. Brombeerranken greifen mit ihren Dornen nach dem Fremden. Wilder Wein krallt sich in brüchiges Gemäuer. Solche Straßen verleiten zum Bummeln.

Die Landschaft ist in diesem Gebiet von zahllosen Steinmauern durchzogen. So erinnert sie ein wenig an das irische Galway. Schon von weitem sehe ich eine Gestalt; beim Näherkommen werde auch ich entdeckt. Ein freundliches: »Good morning!« Zwei Ellbogen stützen sich auf die Mauer, der neugierige Blick nimmt die Fragen vorweg: »Woher? Wohin?« Ein Händedruck: »Roger Lewis!« »Christian!« Drei Worte, und die Brücke von Mensch zu Mensch ist geschlagen. Roger Lewis vertritt eine uralte Zunft. Er nennt sich »Dry-stone dyker«: Steine schichten ohne Mörtel. Seit Jahrhunderten gilt es in diesem Land solche Mauern zu setzen – als Zaun, als Schutzwall, als Grenze. Ungezählte Felsbrocken sind so durch Dry-stone-dyker-Hand gegangen. Eine Arbeit, vergleichbar dem Tannennadelnsammeln der Ameisen. Roger Lewis meint,

Der »Dry-stone dyker« Roger Lewis zeigt mir eine Probe seines Könnens.

die Natur habe ihm hier den Job etwas leichter gemacht. Durch Erosion war das Gestein in dicke Platten zerfallen, die sich gut aufschichten ließen. Dann schimpft er über die Gegenden, in denen die Eiszeit nur »boulders« zurückgelassen hat. Selbst die kleinsten dieser Felsen wiegen gut sieben »stones«.[2] Jeden mußte man drehen und wenden, um wenigstens *ein* Stückchen gerade Fläche zu finden; alles rund – eben »boulders«! Roger zeigt mir eine Probe seines Könnens. Mit geübten Griffen läßt er die Steinmauer entlang der Richtschnur ein Stückchen weiterwachsen.

Die Teetasse mit dem abgebrochenen Henkel wandert auf dem jeweils vordersten Stein mit. Der Mauersetzer meint, wenn ich mehr über seine Zunft wissen wolle, dann könne ich ihn gerne anschreiben. Wir tauschen unsere Adressen aus. Als er den deutschen Straßennamen liest und ihn auszusprechen versucht, verhaspelt er sich. Dieses »Katenbäker Berg« ist schon zu Hause für viele ein Zungenbrecher. Ich versuche es mit einer Erklärung: »›Kate‹ bedeutet ›kleines Haus‹, Bäke steht für ›Bach‹.« Roger Lewis versteht. Er revanchiert sich, zeigt auf ein weißes Haus in Küstennähe. »Es hat eine Nummer, aber wir nennen es nur ›Haus am schwarzen Wasser‹. Bei starken Regenfällen steigt Schwärze aus der Tiefe hoch. In der Erde liegt ein Wald begraben – so etwas wie Kohle.« Als ich mich von dem Steinsetzer verabschiede und mich für das Gespräch bedanke, zeigt er zum Himmel: »Heute nacht wird es regnen!« »Danke für den Tip! Dann bleibt mein Zelt besser eingepackt.«

Gespräche wie diese ergeben sich fast zwangsläufig, wenn man per Rad reist, und es lohnt, dafür »aufgehalten« zu werden.

Craigengower, Craigdhu, Craiglemine... Im Fahrradsattel ist man so langsam, daß man die Namen der Häuser, ja sogar der Türschilder lesen kann. Diese hier verraten ihren sprachlichen Ursprung, das Gälische. Etwas verloren gelegen eine alte Schule. Hatte ich richtig gelesen?

Knox School? Der Name klingt scharf wie ein Schuß. Wo religiöser Eifer herrscht, da ist kein Platz für Toleranz. Mit Predigten wie denen des eifernden Reformators John Knox (1505–1572) konnte man Feuer legen. Da wurden Menschenmassen zum Mob, der mordete und brandschatzte. Biblischer Friede dagegen liegt über der Stadt Whithorn. Von mehr als 1500 Jahren wirkte hier der erste Christ auf schottischem Boden, St. Ninian. Kathedrale, Krypta, Kreuze – alles Zeugen jener Zeit, die auch der spätere Sturm der Zerstörung nicht ganz beseitigen konnte.

Ich schwenke nach Norden. War der alte Friedhof von Whithorn eher eine Ruhestätte reicher Farmer und Händler gewesen, so finde ich auf dem von Wigtown auch Märtyrer.

An den gleichen Gott wie die Herrschenden zu glauben, aber in der falschen Konfession, das konnte einen in Schottland das Leben kosten. Ob Erschießen, Erhängen, Erschlagen – oder wie hier in Wigtown: Ertränken, der Weg himmelwärts war gleichermaßen grausam. So endete die Halbinsel »The Machars«, wie sie begann: recht geschichtsträchtig.

Der River Cree zwingt mich auf einen Umweg. Die nächste Brücke kreuzt ihn in Newton Stewart. Ich radle auf einem Feldweg, der so schmal ist, daß ich mich mit dem entgegenkommenden Traktorfahrer arrangieren muß. Schon wieder ein Gespräch? Nein, das Handzeichen heißt nur: »Danke fürs Platzmachen!«

Flüsse sind wie Wegweiser. Wer ihnen folgt, kann sich nicht verirren. Endlich die Brücke. Jetzt die Wigtown Bay von der anderen Seite. Ich nutze ein Angebot am Straßenrand: »Fish and Chips«. Wie kann man für zwei Pfund und achtzig Pence nur so satt werden? Während des Kauens lese ich das Einwickelpapier, die *Galloway News* vom 25. Juli. Küken gibt es zu kaufen – und Strohballen. David Brady hat mit »Roy« den Wettbewerb der Schäferhunde gewonnen. Allann Cameron verspricht, seinem Chef die 400 Pfund, die er ihm gestohlen hatte, zurückzugeben. Christopher Thomson kann wegen der Fensterscheibe, die er eingeschlagen hat, vor Gericht nicht belangt werden, da er »auf hoher See« ist. Mark Eveleigh ... So an den Pranger gestellt zu werden, das schreckt ab. Die Zeitung nennt sogar die Adressen der Übeltäter.

Der Himmel ist schon wieder strukturlos. Noch vor Kirkcudbright ist der Regen da. Roger Lewis hat recht gehabt.

Ein Musik-Festival ist schuld daran, daß die Betten der Stadt ausgebucht sind. Jemand gibt mir einen Tip: »Versuchen Sie es im *Gordon House*. Es ist die einzige Chance!« Sie bleibt es auch!

Die Frau an der Rezeption stutzt, dann lacht sie laut auf. Ich hatte nach einem Bett für ein müdes Haupt und nach einem Unterstand für ein Pferd gefragt. Dabei sah man mir doch sofort den Pedalisten an. »Push bike?« vergewissert sie sich dann doch. »Kommen Sie, das Rad kann in die Waschküche!« Sie zeigt mir den Weg.

Heftiger Wind beutelt die Bäume. Regen klatscht auf die Schieferdächer Kirkcudbrights. Nein, das war wirklich kein Wetter zum Zelten.

Ich frühstücke mit Blick auf südländische Poster: »Cinque Terre« und »Riviera del Conera«. Sollten dies die Urlaubsträume eines Schotten sein? Aus dem Radio kommt das Wochenendprogramm. Der Sprecher beendet die Auflistung mit: »If weather permits!« Das galt gewissermaßen auch für mich. »Wenn das Wetter es zuließ«, dann erreichte ich noch heute Gretna Green.

Viele Wassermühlen im Land werden liebevoll erhalten.

Der Regen ist durch, und der Wind meint es gut mit mir. Ich beginne wieder Schottland zu »sammeln«: Dundrennan Abbey. Das letzte Aufgebot Maria Stuarts, ihre kleine Armee, wird geschlagen. Sie flieht in dieses Kloster am Solway Firth. Hier nimmt sie Abschied von Schottland. Doch die, bei der sie Zuflucht sucht, Königin Elisabeth I., unterzeichnet später ihr Todesurteil. Schon radle ich wieder in geschichtlichen Spuren. Ihnen auszuweichen ist in diesem Land kaum möglich.

»Jennifer feiert ihren 18. Geburtstag!« So steht es auf handgemalten Schildern an einem Weidenzaun bei Auchencairn. Der Vater betätigt sich derweilen als richtiger Maler. Ich bin mit Derek Dunn, einem Farmer, ins Reden gekommen. Seine Staffelei steht vor der Wohnturmruine des Laird of Orchardon. Der Wind war

Derek Dunn malt sein Lieblingsmotiv, den Wohnturm des »Laird of Orchardon«.

immer heftiger geworden und trieb inzwischen »wohlgenährte« Wolken vor sich her, Regennachschub aus dem Atlantik. Mit meinem Gruß und meinem Fingerzeig nach oben: »Sir, gleich wird Ihr Papier naß!« hatte ich den Anstoß für ein Gespräch gegeben. Derek Dunn pflügt und malt nicht nur; wie Roger Lewis ist auch er »Dry-stone dyker«. Was man nicht alles miteinander verbinden kann! Der drohende Regen schreckt ihn nicht. »Auch Wasser«, meint er, »bringt ›Farbe‹ auf Papier.« Und mit: »Wir haben hier neun Monate Winter und drei Monate schlechtes Wetter«, gibt er mir scherzhaft eine Prognose für den weiteren Verlauf der Tour.

Der starke Wind läßt den Wolken gar keine Zeit zum Ausregnen. Auch mich treibt er weiter vor sich her. *Sweetheart Abbey.* Ein schöner Name für das alte Stück Gotik. Aber wie andere Stätten, so hatte der Sturm der Reformation auch diese zur Ruine gemacht. Sollte ich einen Umweg machen?

Ich entscheide mich lieber für »direkt Dumfries«.

»... Had we never lov'd sea kindly
Had we never lov'd sea blindly
Never met – or never parted
We had ne'er been broken hearted ...«

Der Literaturbeflissene wird in dem klangvollen Poem Robert Burns erkennen. Unmöglich, durch Dumfries und Galloway zu radeln, ohne dem schottischen Dichter zu begegnen. Er konnte reimen, daß jede Frau errötete, aber auch jedes Patriotenherz in Nationalstolz schwelgen lassen. »My heart's in the Highlands ...« Solche Texte singt man noch heute. Der frühe Tod Burns' ließ eine ganze Nation trauern.

Hell hebt sich das Burns-Mausoleum in Dumfries von den dunklen Gräbern des Friedhofs ab.

Eigentlich bedarf es nicht des Besuches historischer Burns-Stätten; man kann den Dichter im geschriebenen Wort erleben. Trotzdem: Ich halte bei der Kirche St. Nicholas. In ihrem Halbdunkel eine Szene, wie man sie wohl nur hier in Schottland erlebt. Gerade findet eine Führung statt. »Vor zweihundertfünfzig Jahren wurde der Grundstein gelegt«, höre ich eine der Erklärungen mit; und im selben Atemzug folgt die Frage: »Was geschah damals?« Die Gruppe der Zuhörer antwortet im Chor: »Die Schlacht von Culloden!« Ja, welcher Schotte wird je das Schicksalsjahr 1746 vergessen, als das letzte Aufgebot der Highlanders im Kugelhagel englischer Waffen unterging? Geschichtsbewußtsein, durch Generationen weitergereicht.

Hinter der Kirche ein Friedhof, wie man ihn sich düsterer kaum vorstellen kann. Inmitten der altersgeschwärzten Grabsteine ein

Mausoleum in blendendem Weiß. Hier ruht der Dichter. Heute schmücken weiße Papierherzen die Stätte. Eine einfache Geste voll tiefer Symbolik.

Man könnte, um schnell nach Gretna Green zu kommen, die *A 75* nehmen – könnte. Doch zweitklassige Straßen sind mir lieber. So wähle ich eine B-Nummer. Burns ist schon fast vergessen, als ich »Brow Well« passiere, eine steingefaßte Quelle. Nur noch ein paar schäbige Tropfen rostfarbenes Wasser gibt sie her. Der Dichter, bereits todkrank, hatte auf die heilende Wirkung der Quelle vertraut; doch wenige Tage später starb er. Anders als ich, ist ein altes Ehepaar absichtlich hier vorbeigekommen. Die beiden lassen sich das Wasser auf die Handrücken tropfen. Das sind keine Burns-Stätten-Besucher, sondern »Pilger«. Ich habe das Gefühl, hier zu stören.

Meine Karte vermerkt eine Burg, *Caerlaverock Castle*. An einer so malerischen Ruine kann man gar nicht vorbeifahren. Bei jedem Besitzerwechsel – mal waren es die Engländer, mal die Schotten – wurde ein weiteres Stück Mauerwerk niedergerissen. Aber so »ruiniert« ist Caerlaverock erst richtig schön.

Die nächsten blauen Kartenvermerke[3] lasse ich links liegen. Für so wenig Schottlandtage habe ich schon genug Geschichte erlebt. Noch immer spüre ich die schiebende Hand des Windes, so rollt es sich leicht – weiter, bis hinüber nach Gretna Green.

Ein richtiger Tourist nimmt den Motorway Nummer sechs. Der führt ihn fast direkt in die schottische Heiratsschmiede. Ursprünglich wollte ich – wie später um Loch Ness – einen großen Bogen um den Ort machen, doch dann kam die Überlegung: »Was Millionen Besucher für sehenswert halten, wird so schlecht nicht sein.« Und mitreden zu können ist auch etwas wert.

Selbst bei so günstigem Wind brauche ich einen langen Radlertag, um bis ans Ende des Solway Firth zu kommen. Natürlich hat in Gretna Green schon alles geschlossen. Aus dem Bettenangebot suche ich mir das originellste aus. Eine Nacht im alten Refektorium – mit Blick auf Gotik, die Bibel neben dem Bett. Warum nicht!

»Guten Morgen, Gretna Green!« Ich bin der erste Neugierige. Die Pipers[4] kommen in Alltagsklamotten zur Arbeit. Den Kilt[5] müssen sie erst noch anlegen. Der »Opferstock« wird aufgestellt: Zubrot für den vielleicht nicht so üppigen Verdienst. Dann Warten auf die Fotopose. Frauen dürfen sich zum Scherz etwas anschmiegen – an echte Highlander-Muskeln. Auch Eintritt wird verlangt: Ein Automat schluckt meine Münze und entriegelt dafür die Sperre. »Many thanks!«

Was ist geblieben von der Stätte, an der Ehen einst über dem Amboß »geschmiedet« wurden? Wohl nur Erinnerungen und ein paar Dokumente. Natürlich mißfiel es Eltern und Kirche gleichermaßen, daß sich hier »Kinder« das Ja-Wort geben konnten. Zu allem Übel auch noch per Hammerschlag statt mit Gottes Segen. Der letzte »Schmied-Pfarrer« allein hat über fünftausend Paare getraut. Heute braucht kein Vater mehr seine minderjährige Tochter (notfalls mit Waffengewalt – wie tatsächlich geschehen) von der Fahrt nach Gretna Green abzuhalten. Das Intervenieren hat Erfolg gehabt. Am Amboß gibt es nur noch Show-Hochzeiten. Doch der Andrang ist geblieben. Josephine Bugeja Douglas aus Malta war hier, Agata Swiekowska aus Polen, Schäuble Martha und Franz… Der Stapel der vollgeschriebenen Gästebücher wächst allmählich zur Bibliothek an. Wenn man auch nicht mehr heiraten kann, dann will man wenigstens schauen, wie romantisch es einmal war: das Eheschließen an Schottlands Grenze.

Über diesem Amboß wurden zahllose Ehen »geschmiedet«.

Der Ausgang entpuppt sich als Eingang zu einem ganz anderen Eldorado. Brüllende Löwen und rüsselschwingende Elefanten aus Messing. Zu Füßen einer Ritterrüstung ein Karton voll Hufeisen, geschmiedetes Touristen-Glück in täglich neuer Auflage... Ob Schloß Neuschwanstein, ob Lourdes, oder Gretna Green: Kommerz hat überall das gleiche Gesicht. Die schottische Heiratsschmiede. Ich war da! Nun kann ich mitreden.

Zwischen zwei Meeren

Dem Iren im *Five Arms* von Port William hatte ich »versprochen«, nicht nach England zu fahren. Nun kommt es doch etwas anders. Die Straße will es so. Der Weg vom Solway Firth zum Firth of Forth führt quer durch die »Borders«. Dabei kratzt er ein Stückchen England an. Aber schon bin ich wieder zurück in Schottland. Ein Reiter begegnet mir und hält an. Er scherzt aus dem Sattel herab: »Sie sollten auch ein richtiges Pferd nehmen!« Meine Antwort verblüfft ihn: »Das, auf dem ich sitze, braucht nichts zum Fressen!« »Wie auch immer«, meint er nach kurzem Nachdenken, »unsere ›Pferde‹ werden uns beide weiterbringen.«

Der Mann ist auf einem Überland-Ritt. Sein Gaul trägt Packtaschen wie mein Bike. Der nächste Wortwechsel ergibt sich mit einer jungen Frau. Sie joggt und verschnauft gerade am Straßenrand. So ein Rad, meint sie, auf das meine zeigend, würde ihr die Laufdistanz erheblich verkürzen. Ich erfahre ihren Joggertrick: eine kleine leere Plastikflasche in der Hand, die man während des Laufens fest drückt – und reicht das nicht, dann nimmt man einen Stein. Kantig muß er sein, damit es beim Faustbilden schmerzt. Kraft durch Überlistung? Wie man aber als Radler einen Berg austrickst, kann mir die Frau leider nicht sagen – und dort vorn liegen die ersten hohen Hindernisse.

»The Borders« – das alte Grenzland. Hier schlugen sich die Römer mit den »Wilden aus dem Norden«, hier floß später mal englisches, mal schottisches Blut. In zahmeren Zeiten handelte man zwar friedlich, in weniger ruhigen jedoch stahlen die gleichen Männer das Vieh wieder, die es zuvor aus dem Hochland geliefert hatten. Stabil war auf beiden Seiten nur die Einschätzung des anderen. Ein echter Schotte verachtete die »verweichlichten« Lowlanders, denen nach seiner Meinung alle hehren Werte des Clanlebens verlorengegangen waren. Für die vom englischen Lebensstil beeinflußten Tieflandbewohner waren die Highlanders dagegen arm, schmutzig, ungebildet – in ihren Augen ein Stück menschliche Unkultur. Eine solche Nachbarschaft kann nicht gedeihen.

Weil mir die *A 7* zu schnell, zu laut und zu lebhaft ist, schwenke ich ins Liddes Dale. Hier, am Fuß einsamer, düsterer Berge, liegt *Hermitage Castle*. Einst lebte in ihm ein Lord, dessen Geist sich zunehmend verfinsterte. Kein Wunder in dieser Landschaft. Am Ende war der Burgherr nicht nur schwermütig, sondern seine Seele verhärtete sich immer mehr bis zur Grausamkeit. Aber bald war es aus mit dem Herrschen. Die Untertanen rächten sich. Sie kochten ihren Lord im Kessel.

Vor mir liegt nun leeres Land. Das Sträßlein wird noch »nebensächlicher«. Endlich ein Haus, davor ein Kohlenauto. Am Blech der Hinweis: »Jeder Sack, den ich geladen habe, wiegt fünfzig Kilogramm!« Hinten am Führerstand eine große schwarze Tafel mit der Auflistung der Brennstoffsorten. Die für die Preisangabe vorgesehene Spalte ist jedoch leer. Weil der Fahrer, ein »Kohlenmann«, wie man ihn bei uns aus den Nachkriegsjahren kennt, gerade zum Auto zurückkehrt, spreche ich ihn an: »Briketts, Eierkohlen, Anthrazit – und was kostet das alles? Sie haben gar keine Preise angeschlagen!« Der Mann hat offensichtlich Humor: »Lohnt nicht! Lohnt überhaupt nicht! Der Regen wäscht die Zahlen doch wieder ab. Außerdem schielen die Kunden dann nicht nach dem Preis. Sie müssen so oder so kaufen. Der Winter kommt bestimmt!« Er greift sich den nächsten Sack. Schwarzer Staub rieselt durch die Jute auf ihn herab. Der schwarze Kohlenmann, unser früherer »Kinderschreck«.

Nun beuge ich mich brav dem Reiseführer. *Jedburgh Abbey, Dryburgh Abbey, Melrose Abbey*: sozusagen ein christlicher Dreiklang. Man steht und staunt. Was ein Glaube nicht alles erbauen kann, was ein anderer nicht alles zu zerstören vermag! Die Abteien wurden Opfer ihrer Lage. Wo im Wechsel der Zeiten schottische und englische Truppen marschierten, hatte stets der letzte Sieger das Wort. Das galt nicht nur für die Hütten der Highlanders; den Kirchen erging es nicht anders. Beim Anblick der Ruinen werde ich an Irland erinnert: zerstörte Kirchen am Shannon (und nicht nur dort), zerstörte Kirchen am River Tweed: zwei Länder, derselbe Feind, das gleiche Schicksal.

Zu Hause hatte ich zwei Filme mit historischem Hintergrund gesehen: *Brave Heart* und *Rob Roy MacGregor*. Beide spielten in Schottland – und vielleicht, so mein Gedanke, konnte ich die Spuren der beiden Volkshelden in meine Route einbauen. Daß ich Brave Heart bald »ins Gesicht« schauen würde, ahne ich beim Besuch der Abteien noch nicht.

Auch heute sollte die Zeltausrüstung wieder in den Packtaschen bleiben. Nicht nur, daß Outdoor-Romantik Zeit bis in den Highlands hatte, Bed & Breakfast-Service bot auch die bessere Möglichkeit, mit den Menschen ins Gespräch zu kommen. Ich radele eine Häuserzeile ab und entscheide mich – von einem verwilderten Garten beeinflußt.

»Guten Abend, Missis Maciver!« Geschult wie ein Handelsvertreter hatte ich den Namen vom Klingelschild abgelesen. Die Wahl entpuppt sich als Volltreffer. Das Rad kommt in den »Wintergarten«, der aus Holz und Plastik eigentlich als Schutz für die Tomatenpflanzen errichtet wurde, sozusagen ein Treibhausersatz. Mrs. Maciver ist neugierig. Wie und warum kommt ein Mann (in meinem Alter) auf einem Fahrrad nach Schottland? Mit dem Erzählen muß ich bei der ersten Radumdrehung beginnen. Die drei zerstörten Klöster, die ich heute besucht hatte, machen mir den gedanklichen Sprung zurück leicht: Ruinen in Irland, Ruinen in Schottland. »Dann sind Sie ja auf einem ›Celtic Trail‹«, meint meine Gastgeberin. »Ich glaube, ich habe da etwas für Sie.« Es dauert eine Weile, bis sie das Gesuchte findet und es ihr gelingt, die Musikanlage ihres Sohnes in Gang zu bringen. Die Klänge, die wenig später aus den Boxen kommen, passen wirklich zu meiner Tour: schottisch-irische Musik. Ich lasse mir das Cover der CD geben: *An Unfair Dance, Hermony Hill, Ready for the Storm*... weitere Titel in gälischer Sprache. Die Musik schafft eine seltsame Stimmung.

Mrs. Maciver verdanke ich später auch etliche Reisetips. Den letzten gibt sie mir beim Frühstück. »Können Sie das Monument dort in der Ferne sehen?« fragt sie mich, dabei aus dem Fenster zeigend. Die Ortsbeschreibung ist vage: »Links im Wald!« Alles, was ich auf diese Entfernung erkennen kann, ist etwas Rötliches. »Ja, er ist aus rotem Sandstein!« meint Mrs. Maciver begeistert. »Ich selbst kann es nicht mehr sehen... meine Augen. Aber mein Sohn ist einmal hinaufgeklettert, um sich neben das Schwert zu stellen. Er erzählte es mir – roter Sandstein!«

Dort im Wald, jenseits des River Tweed, so erfahre ich nun, steht Sir William Wallace oder »Brave Heart«, wie ihn die Schotten nennen.

Wallace hatte nicht mehr getan, als für die Unabhängigkeit Schottlands zu kämpfen. In die Hände seiner Häscher war er durch Verrat gefallen. Er, der nie den Treueeid auf den englischen König geleistet hatte, wurde des Hochverrats angeklagt. Das Urteil war von tierischer Grausamkeit. Man kastrierte ihn, hängte ihn auf, nahm ihn noch lebend wieder vom Strang, öffnete seinen Unterleib und zog das Gedärm heraus. Den Körper des endlich Toten schnitt man in Stücke und stellte sie in verschiedenen Städten zur Schau. Dem schottischen Freiheitsdrang sollte ein für allemal ein Ende gemacht werden.

Es ist nicht leicht für mich, den Weg zu dem Monument zu finden. Ich muß zurückfahren und mich durchfragen. Endlich der mir beschriebene Fußgängersteg über den River Tweed; dann ist noch ein Berghang zu bezwingen. Nur schrittweise komme ich mit dem Rad auf dem schmalen Waldpfad voran. Doch dann stehe ich zu Füßen des Denkmals. Ich bin versucht, die Statue anzusprechen: »Brave Heart, was hat man mit dir gemacht!« Ich halte so etwas wie eine Gedenkminute am Wallace-Monument, hoch über dem River Tweed. Ganz nebenbei komme ich in diesen Stunden in den Genuß einer selten schönen Morgenstimmung. Der ruhig dahinfließende Fluß. Vogelstimmen im Ufergebüsch. Die Stille des Waldes: Belohnung für das Radeln auf touristischen Abwegen.

Noch einmal *Melrose Abbey*, dann nach wenigen Kilometern die Abzweigung zu *Abbotsford House.* Das nächste Erlebnis wartet.

Auf meinen Reisen ist mir schon so manche »milde Gabe« angeboten worden. Ein Hirte in Mexiko, selbst bedürftig, schenkte mir als Reiseproviant einige Nüsse, in Britisch Kolumbien trat ein Autofahrer, der mich überholt hatte, hart in die Bremsen und beeilte sich, mir ein Brötchen zu machen, in Australien legte mir ein Siebenjähriger mit den Worten: »Du mußt hungrig sein!« ein Stückchen Papier vor die Füße – auf diesem drei Pommes frites und ein Stückchen Fisch… Die Beispiele ließen sich vermehren. Nun, wo ich mein Rad an die Umfriedung von Abbotsford House lehne, spricht mich eine Frau an: »Sie sind auf einer Wohlfahrts-Tour? Sie sammeln?« Bei diesen Worten zückt sie das Portemonnaie. Ich hebe abwehrend die Hände: »Nein danke! Nur so – Schottland mit dem Fahrrad!« Die Münze wäre, wenn auch für einen vermeintlich guten Zweck, das erste Almosen gewesen.

Beim Betreten von Abbotsford House fange ich Satzfetzen eines Gesprächs zwischen zwei Männern und einen richtungweisenden Blick auf: »… Mrs. …, sie gehört zur Familie …!« Die beiden unterhalten sich offensichtlich über die alte Dame am Eingang. Forsch, vielleicht etwas zu forsch, wähle ich die Frau zum Ansprechpartner: »Entschuldigen Sie, ich bin mit dem Fahrrad unterwegs. Es lehnt mit allem Gepäck draußen an der Mauer. Kann es dort bleiben – ich meine wegen der Sicherheit?« Das Stichwort ist gefallen: »Fahrrad«; mit so etwas baut man auf Reisen Brücken wie mit seinem Vornamen. Alles geht sehr schnell. Ein paar Fingerzeige. Ein Mädchen, das sonst wohl eher den Tee für die Gäste zubereitet, gibt mir zu verstehen: »Kommen Sie bitte mit, Sir!« Eine Tür mit der Aufschrift »Privat!« öffnet sich. Rad und Gepäck sind vor Langfingern sicher (die ich – zugegeben – hier ernsthaft nie erwartet habe). Sonder-Service für einen Pedalisten!

Ich stehe wieder vor der alten Dame. »Sie sind also mit einem Fahrrad in Schottland unterwegs? Eine schöne Art zu reisen. Wo waren Sie bisher? Was möchten Sie sich alles anschauen?…« Sie bombardiert mich mit Fragen. Instinktiv begreife ich, daß es das Dümmste wäre, jetzt die Highlights aus dem Reiseführer herunterzubeten. So beginne ich ganz bescheiden: »... in den Spuren von St. Ninian ... Gespräch mit einem Dry-stone dyker, dann mit einem Farmer, der gerade den Wohnturm des ›Laird of Orchardon‹ malte ... Und nun komme ich gerade von ›Brave Heart‹ – eine schöne Stimmung dort oben über dem River Tweed.« Die hochgewachsene Dame wird noch etwas größer, sie mustert mich erstaunt. Dann aus spitzgeformtem Mund die Bemerkung: »Wirklich, Sir! Ich wundere mich über Ihre Art zu reisen!« Wundern tun sich inzwischen auch die anderen Anwesenden. Dieser Typ im Second-hand-outdoor-look im Gespräch mit... Ja mit wem? Ich selbst wüßte das gerne.

Auf meinen Reisen beachte ich gewisse Spielregeln. Eine davon lautet: »Schon der Griff zur Kamera kann die Situation zerstören. Oft ist das Tagebuch das bessere Dokument.« Ich beherzige das auch jetzt. Nach unserem Gespräch, das noch einige Minuten andauert, frage ich artig: »Wären Sie so nett, sich in mein Tagebuch einzutragen; dann hätte ich eine besondere Erinnerung an Abbotsford.« Die Antwort ist ein überaus freundliches: »Aber natürlich!« Ich muß lächeln. Denn die alte Dame legt das Buch verkehrt herum, dabei murmelt sie: »Meine Brille! Wo ist meine Brille?« Es macht nichts, daß ihre Eintragung letztlich auf dem Kopf steht; das erhöht sogar noch die Originalität. Als sie mir das Büchlein zurückreicht, lese ich:

»Patricia Waxwell-Scott
August 25th 1996
Abbotsford«

Abbotsford House, der Wohnsitz Sir Walter Scotts

Noch ein artiges Dankeschön für die Freundlichkeit, dann begebe ich mich ins Innere des Hauses.

Abbotsford House, das ist geballtes Schottland! Hier verbrachte Sir Walter Scott seine letzten zwanzig Lebensjahre. Der berühmte Schriftsteller war ein patriotischer Sammler. Sein Schreibtisch besteht aus Resten der spanischen Armada, der Stuhl aus dem Holz des Hauses, in dem »Brave Heart« verraten wurde, das Breitschwert stammt von Rob Roy McGregor, eine Locke von Bonnie Prince Charlie, dem letzten Stuart. Dann gab es ein Stückchen mumifiziertes Brot, gefunden in der Tasche eines Highlanders, der in der Schlacht von Culloden fiel … Abbotsford House atmet die Vergangenheit Schottlands. Kaum jemand wird sich der Stimmung der Räume entziehen können.

Als ich das burgartige Gebäude verlasse, treffe ich eine Bekannte: die Dame mit der Münze für die Wohlfahrt. Sie gehört zwar nicht zur »Familie«, wohl aber zum Haus. Auch mich wiedererkennend, meint sie: »Hat Ihnen Abbotsford gefallen? Mrs. Scott hat sich übrigens sehr wohlwollend über Sie geäußert.« Danke für das Kompliment! Natürlich weiß ich inzwischen, wer die Dame war, die mein Tagebuch signiert hatte: die Enkelin des großen Sir Walter Scott.

Die Tür mit der Aufschrift »Privat« öffnet sich wieder. Ich bekomme mein Fahrrad zurück. Ein Erlebnis endet, für das mir das Glück ein Bein gestellt hatte.

Der heutige Tag sollte ein Tag geballter Geschichte werden. Das alte Schottland auf Schritt und Tritt. Ausweichen war praktisch unmöglich. Etwas westlich von Abbotsford verläuft der *Southern Upland Way,* früher ein Pfad der Viehtreiber, aber auch der Viehdiebe, der Schmuggler und des Hinterhalts von Räuberbanden, die hier auf fette Beute hofften. Noch heute erinnert ein Stein an die Stelle, bei der »anständige« Wegbenutzer um Schutz »von oben« zu beten pflegten, oder zumindest um den guter Geister. Ich folge dem Tip eines Einheimischen. Die Straße, viel zu schmal und zu kurvenreich, um richtigen Autoverkehr zuzulassen, verläuft streckenweise hoch über dem River Tweed. Unbelästigt von allem Motorisierten erreiche ich so *Traquair House.*

War Abbotsford gesammelte schottische Geschichte, so ist Traquair gelebte: Maria Stuart, ihr Gatte Lord Darnley, der Earl of Montrose, Bonnie Prince Charlie… Das älteste bewohnte Haus Schottlands kann mit einer Gästeliste ohnegleichen aufwarten. Ich gehe zwischen Alleebäumen hindurch den langen Weg zum »verschlossenen Tor«.

»... The wind through the rusted iron sings
The sun on the self-sown tangle burns
But never a hoof on roadway rings
The gate is shut till the King returns.«

Dieser Vers ist wenig bekannt, aber jeder Schottland-Fan wird ihn verstehen. Als Prince Charles Edward Stuart im Herbst 1745 Traquair als Gast verließ, wünschte ihm der Hausherr eine sichere Reise und gab ihm das Versprechen, das Tor, durch das er nun ritt, erst wieder zu öffnen, wenn erneut ein Stuart auf den Königsthron käme. Doch wenig später wurde Schottlands Schicksal in der Schlacht von Culloden besiegelt. »Kein Pferdehuf klang auf der Straße«, der einen Sieg hätte vermelden können. Der letzte Stuart ist tot. Das Tor von Traquair, seit 250 Jahren verschlossen, wird nie mehr geöffnet werden.

Während einer Schottlandreise kann es schon mal passieren, daß man mit Eindrücken überfüttert wird. Meine Weiterfahrt in die Stadt Peebles entspringt denn auch dem Wunsch nach innerem Ausruhen. Ich werde Tagebuch schreiben, allenfalls etwas herumschauen und ansonsten den tieferen Spuren der Geschichte vorerst aus dem Weg gehen.

Am Stadtrand, in einer Mauer verankert, entdecke ich jene bekannte Gesteinskugel aus weißem Quarz. Das Stück wurde nicht bearbeitet, sondern ist eine Laune der Natur, sozusagen ein »Spielball« der Gletscher, den sie vor vielen tausend Jahren hier zurückließen. Doch die Zeiten, wo der Magistrat Gäste der Stadt bei dieser »weißen Kugel« willkommen hieß, sind lange vorbei. Mich beachtet niemand; und das ist gut so! Bei der Wahl meiner Bleibe werte ich heute weder Haus noch Garten. Ich klingle bei irgendeinem Schild. »Möchten Sie das Zimmer sehen?« fragt mich die Frau. Ich winke ab: »Nein danke, ich nehme es, wenn ein Bett darin steht.« Sie deutet diese Bemerkung richtig – als Scherz.

Schreiben, planen, ein Bummel durch die Stadt. Auf das altertümliche Geschäft der »Scott Brothers« stößt man auch ohne Reiseführer. Eine Schraube? Eine einzelne Mutter? Ein Stückchen Eisen – per Hand auf Länge gesägt? »Sir, was kann ich für Sie tun?« Schön, daß es noch so etwas gibt. Wenn ich daheim im Baumarkt eine Schraube kaufen möchte, muß ich fünfundzwanzig »im Pack« nehmen. Der technische Aufwand für die Plexiglasverpackung samt allen Etiketten ist teurer als der Inhalt. Der alte »Eisen-Hans« à la Scott Brothers ist bei uns praktisch ausgestorben. Am Abend gehe ich in den *Green Tree*. Die Entscheidung zugunsten dieses Lokals habe ich durch die Gäste, die ein und aus gehen, getroffen. Ich hatte die Tür einige Minuten beobachtet. Kaum habe ich Platz genommen, walzt der Wirt heran. Ich frage ihn: »Was trinkt man in Peebles?« Sein Bauch nimmt die Antwort vorweg: »Ein gutes Bier! Vielleicht ›McEwan's‹?« Nach mir kommt eine Gruppe Piper. Das Gespräch ergibt sich von selbst. Ich werde direkt: »Ihre Kilt-Nadel, was ist das für ein Zeichen?« »Unser Regiments-Emblem«, bekomme ich zur Antwort. Die Dudelsackspieler waren bei einer Veranstaltung in Innerleithen. Die Männer sind durstig; der Wirt bekommt Arbeit. Einer von ihnen trägt im Strumpfband an Stelle des Messers einen Kamm. Der Piper bemerkt meinen Blick und meint: »Das Messer müßte schon einen silbernen Griff haben, aber dafür fehlt mir das Geld, deshalb der Kamm!« Natürlich scherzt er. Als ich im gleichen Tonfall antworte: »Besser außen einen Kamm, als das Messer innen«, reagiert er plötzlich ernst: »Woher wissen Sie das?« Ein Schotte mag schon mal nachdenklich werden, wenn man ihn daran erinnert, daß es einst Krieg bedeutete, wenn man das Messer an der Wadeninnenseite trug. Der gleiche Piper bemerkt auch, daß ich Tagebuch führe. Er warnt seine Kumpel: »Paßt auf, redet nicht so laut! Der schreibt alles mit!« Aus Spaß fällt er ins Gälische. »Verstehen Sie das?« fragt er mich. »Leider nein, nur wenige Worte«, muß ich einräumen. Könnte ich die Sprache, mein Schottland-Erlebnis fiele sicher noch intensiver aus.

Irgendwie wollte ich jetzt in nördlicher Richtung weiterschlenkern. Vielleicht die Lammermuir Hills? Vielleicht die Moorfoot Hills? Oder doch etwas weiter westlich, ein Stückchen alter Römerstraße? Ich radle los, mehr die Sonne als Kompaß nutzend als die Tourenkarte. Nur hie und da halte ich für ein Foto; und viel schneller als gedacht blicke ich auf Wasser. Vom »Solway Firth« zum »Firth of Forth«, vom Atlantik zur Nordsee. Zurückschauend kommt mir die Strecke wie ein Katzensprung vor. Die ersten Häuser von Edinburgh! Nun werde ich mich an eine Großstadt gewöhnen müssen.

Weg in die Berge

Der Zeitpunkt, zu dem ich Edinburgh erreiche, ist gleichermaßen ungünstig wie vorteilhaft. Die Stadt steht ganz im Zeichen des großen Festivals. Der Verkehr hat sich verdoppelt, die Betten sind ausgebucht. Wo immer es Eintrittskarten für etwas gibt, stehen die Leute Schlange. *Edinburgh Castle*, nie erobert, wird von Besuchern gestürmt. So schlimm hatte ich es mir nicht vorgestellt. Doch es gibt auch Positives. Man braucht keine große Bühne zu besuchen. Es wird schon in den Staßen der Stadt geliebt, gelitten, gestorben – und natürlich Musik gemacht. Überall zeigen kleine Künstlergruppen ihr Können – für eine Münze. Herrlich, dieser Solist in der oberen High Street. Anzug, Gesicht und Hände silbern bronziert, spielt er Pantomime – mit großer Perfektion. Jetzt zaubert er aus seiner Hosentasche einen »Diamantring« und bietet ihn einer Passantin an: »Bitte die Dame! Ihr Herz gegen diesen Ring! Natürlich lege ich das meine dazu!« Aus der Innentasche seines Jacketts zieht er ein pralles Plastikherz. Ring, Herz, schmachtende Blicke! Die Frau lächelt, geht weiter. Seine stumme Liebeserklärung wurde nicht erhört. Das Plastikherz quietscht vor Schmerz; das richtige »weint«.

Hier Können in Schweigen, auf der anderen Seite des Bürgersteiges lautstarkes Sich-in-Szene-Setzen. Dort steht »Brave Heart«. Halbnackter Oberkörper, langes, gelocktes Haar, eine Gesichtshälfte blau bemalt. Ein wilder Bursche, sozusagen der Filmheld gerade von der Leinwand gesprungen. Spielte er nicht Du-

»Brave Heart« als Dudelsackspieler in den Straßen Edinburghs

delsack, sondern zeigte, wie man ein Breitschwert führt, es wirkte verdammt echt. Nach der Begegnung mit Brave Heart am River Tweed nun diese amüsante mit seiner Kopie.

Ich werde angesprochen: »Sir, ich bin eine Nonne!« Man hält mir eine Spendenliste unter die Nase. Die Eintragungen darauf beginnen bei fünf englischen Pfund – der übliche Trick. Ich trickse zurück: »Glaubst du, ich wäre mit einem Fahrrad unterwegs, wenn ich Geld zum Verschenken hätte?« Das Mädchen im Schülerinnenalter reagiert einsichtig: »Nun gut! Hier, das ist für Sie. Es ist indisch und bedeutet ›Sei glücklich!‹« Mit diesen Worten heftet sie mir einen Aufkleber an den Lenker: *GOURANGA*. »Danke, kleine Nonne!«

Erneut versuche ich, in die Feste zu kommen. Etwa ein Dutzend Busse mit Besuchern mögen inzwischen vom Burgplatz abgefahren sein; doch mindestens die gleiche Anzahl ist neu hinzugekommen. *Edinburgh Castle,* längst »gefallen«, wird neu belagert. Es liegt sozusagen unter touristischem Dauerbeschuß. Ich gebe auf.

Am anderen Ende der High Street, vor dem *Palace of Holyroodhouse,* das gleiche Bild. Ich werde also Edinburgh verlassen, ohne Maria Stuart besonders nahegekommen zu sein. Man muß wohl auch nicht die Stelle gesehen haben, an der das Blut des im Auftrag ihres Gatten ermordeten Sekretärs Riccio in die Dielen sickerte, auch nicht aus Führermund erfahren, wie das Morden weiterging. Wer Blut und Grauen »sehen« will, der greife zu Stefan Zweig. »... Der erste Hieb des Scharfrichters hat schlecht getroffen, nicht durch den Nacken ist er gefahren, sondern stumpf auf das Hinterhaupt. Der zweite Schlag fährt tief in den Nacken und läßt das Blut grell aufspritzen. Aber erst der dritte löst das Haupt vom Rumpf...«

Maria Stuart starb am 8. Februar 1587 durch das Henkerbeil.

Edinburgh allein ist sicher eine Reise wert. Doch für mich lag die Stadt nur auf der Route. Schottland ist mehr als seine Metropole. In luftiger Höhe überquere ich den Firth of Forth. Parallel zur Straßenbrücke verläuft die der Eisenbahn. Zahlen mögen die Dimensionen dieses technischen Monuments verdeutlichen: 21000 Tonnen Zement, 55000 Tonnen Stahl, 150000 Kubikmeter Stein, – fast 32000 Liter Lack für einen Schutzanstrich. Da wird ein Foto schon zur »Pflicht«.

Die Brückenstraße weitet sich zum Motorway. Er ist tabu für Radler. Mir kommt das eher gelegen. *Mein* Weg folgt dem Firth. Doch erneut begegne ich der Technik: dem Kraftwerk *Longannet.* Stromkabel in alle Richtungen. Wie eine Spinne hockt die Station im Zentrum des Leitungsnetzes. Gefüttert wird sie mit Bergen von Kohle. Drüben, am anderen Ufer des Firth, lodern die Feuerfackeln einer großen Raffinerie. Schottland nicht für Träumer und Highland-Liebhaber, sondern ein Stück notwendiger Realität.

Würde ich nun geradeaus fahren, käme ich nach Bannockburn. Fragt man einen Schotten (ähnlich wie der Führer in der Kirche von Dumfries): »Was geschah wann in Bannockburn?«, so kommt schon die Antwort gerasselt: »Robert the Bruce schlug die Engländer – 1314!« Es war ein totaler Sieg. Schottland genoß fast vierhundert Jahre Freiheit. Wählte ich dagegen das Sträßchen im Rücken der Ochill Hills, so käme ich auf ein anderes Schlachtfeld, *Sheriff Muir.* Dort schlugen sich Regierungstruppen und Jakobiten.[6] Der Kampf war umsonst. Beide Seiten gingen unbesiegt nach Hause – ein neuer Waffengang war vorprogrammiert. Doch statt auf Schlachtfelder hinaus fahre ich hinüber ins Tal des River Devon – unter meinem Rad die *Straße der Weber.* Ein paar der alten Wassermühlen, ehemals Antrieb für die Textilfabriken, drehen sich noch – doch mehr für neugierige Besucher. Abends klingle ich wieder an einer Tür. Der Ort heißt »Dollar«, die Frau, die mir öffnet, Rosemarie. »Üch bün Rossmarie, un wör büst tu?« Es ist das erste Mal, daß man mir beim Namennennen zuvorkommt und dann noch in meiner Muttersprache. Als nächstes mache ich die Bekanntschaft von Rosemaries Hunden, Sail und Dhub. »Wir nennen ihn Dhub«, erklärt sie mir, auf den großen zeigend, »weil er so schwarz und scharf wie das Messer eines Highlanders ist.« Ich überzeuge Dhubs Herrin vom Gegenteil, tätschle den Hund und kraule ihn am Bauch. Rosemarie ist perplex. »Tu magst woll Hunde? Er muß das spüren.« So schließt man Freundschaften!

Ich hatte die Möglichkeit, in der Literatur des Hauses zu stöbern; doch schottische Geschichte liegt sozusagen vor dem Fenster. Der Blick geht direkt hinüber zu *Campbell Castle*. Gekonnt an den Berghang gebaut, mit leerer Natur im Hintergrund, ist die Burg ein urtypisches Stück Schottland. Als ich dann noch erfahre, daß dort oben ein Mann in den Ruinen wohnt – und sie bewacht, möchte ich ihn natürlich besuchen und auf dem Weg zu ihm den »Burn of Sorrow« kreuzen, jenen Bach, in den man von einem Felsvorsprung herab die Gefangenen stürzte, um sich ihrer zu entledigen. Rosemarie erzählt mir das so locker, als zitiere sie ein Tagesereignis aus der Zeitung.

Das Wetter vereitelt meinen Plan. Der Wolkenstau an den Ochill Hills regnet sich aus. Eine Bergtour mit Wasser »von allen Seiten« muß nicht sein. Rosemarie meint, ich solle bleiben und Wetterbesserung abwarten. Doch das könnte, wie der Himmel aussieht, dauern. Ich muß auf die Leeseite der Berge. »Brouchst tu Öl fürr dün Kette?« versucht sie noch etwas für mich zu tun. Ich winke ab: »Danke! Danke!« Gastfreundschaft bis zur letzten Minute!

Bereits im »Glen Eagles« reißt es auf. Ich kann aus Gummistiefeln und Regenmontur schlüpfen. Die alte Wetterregel stimmte wieder einmal: »Hast du vor den Bergen Regen, trifft dich dahinter der Sonne Segen!«

Meine Karte vermerkt etwas weiter westlich eine »Roman Road«. Es wird aber wohl nichts werden aus dem Radeln auf einer Römerstraße! Über so alte Landesgeschichte ist längst die Natur hinweggegangen. Trotzdem bin ich neugierig. Wie erwartet ist nicht die Spur einer »Roman Road« zu sehen. In dem Ort Braco spreche ich deswegen einen Mann an. Was für eine Antwort, welche Freundlichkeit: »Römische Geschichte ist englische Geschichte, und die interessiert uns nicht! Deshalb stellen wir kein Schild auf«, meint er. Dann deutet er mir an: »Kommen Sie mal mit!« Er führt mich durch den ganzen Ort zurück, öffnet eine hölzerne Gattertür. Nun muß ich das Rad zurücklassen. Oben auf einer Weide angekommen, erklärt er mir: »Diese Buckel hier, das sind die Reste vom Kastell. Können Sie die Gräben sehen? Bis hier ging die Anlage.« Das Lager der römischen Legion muß riesig gewesen sein. Doch geblieben sind nur ein paar Erdhügel. Ich bedanke mich für die Führung, ohne die ich die Stelle nie gefunden hätte. »Englische Geschichte interessiert uns nicht ...« Einem echten Schotten war ich begegnet.

Die Kilometer bis in die Stadt Crieff spule ich einfach ab. Und weiter geht es – auf die nächsten Berge zu. Das Schottland abseits der Reiseführer liegt auch abseits der Städte. Knockdarroch zum Beispiel. Grauer Asphalt, graue Häuser, grauer Himmel. Seit aus Pferdekutschen motorisierte wurden und damit Tankstellen die Tränken ablösten, hält man nicht mehr in Knockdarroch. Ich drehe eine neugierige Runde. Das Haus *Croftmore* steht leer, am »Old

Church Cottage« ein Schild: »For sale!« Selbst die Kirche ist käuflich! »Gibt es hier ein Geschäft?« möchte ich von einer Frau wissen. Sie verneint: »Sorry, wurde vor sieben Jahren geschlossen!« Ich entdecke die alte Grocery. Am Namensschild nur noch der Buchstabe »M«. Ein Blick durchs Fenster: offene Schubladen, Messingschaufeln für Zucker und Mehl. Sogar Post liegt herum – adressiert an einen »Mr. D. Mackenzie«. Jetzt ergibt das »M« an der Fassade einen Sinn. Das Ganze wirkt, als sei der Besitzer nur eben einmal weggegangen – vor sieben Jahren.

Dieses Knockdarroch ist das richtige »Einfahrtstor« in die Landschaft dahinter. Heideblüte, Farne, viel Leere. Ein verträumtes Tal, dieses »Smá Glen«. Am Abend mein erstes Zeltlager. Doch es wird nichts mit Lagerfeuer-Romantik. Bleischwer wälzen sich die Regenwolken über die Berge. Die Natur verbeugt sich vor dem Wind. Gut, eine wasserdichte »Hütte« zu besitzen. Die Schafe in der Nähe ertragen das Wetter mit stoischer Ruhe, geradezu gelangweilt wiederkäuend. Man muß wohl in Schottland geboren sein, um so gelassen zu reagieren.

Am nächsten Morgen der Versuch der Sonne, das Wetterspiel zu gewinnen. Ich freue mich über ihren Sieg. Willig rollt das Rad hinunter zum River Braan. Nach meiner ursprünglichen Planung wäre ich jetzt an der Küste, bei St. Andrews, oder bei Dundee. Doch nach einem Tip, daß »weniger« Ostküste »mehr« Schottland bedeutet, hatte ich mich für den Weg in die Berge entschieden. Bald würden sie unangenehm hoch für einen Radler werden.

»... Come let us spread the light some days in the birchs of Aberfeldy ...« Robert Burns als Romantiker. Daß ich dem Dichter noch mehrfach so hoch im Norden des Landes begegnen würde, hatte ich zu Beginn der Reise nicht geahnt. Ist der Birkenwald von Aberfeldy wirklich etwas für romantische Stunden? Auch wenn zahllose Burns-Verehrer dem zustimmen mögen, für einen Radler ist der Waldweg harte Knochenarbeit. Vor einem wackeligen Holzsteg gebe ich schließlich auf. Wenn schon nicht Bäume, von denen einige den großen schottischen Dichter sahen, dann vielleicht eine Naturschöpfung, die sich schon zur Zeit des Baues der ägytischen Pyramiden »Baum« nennen konnte – angeblich? Mit neuem Ziel mache ich mich auf den Weg zu Loch Tay.

Die Natur belohnt mich für die zusätzlichen Kilometer. Doch als ich dann vor jener »Eibe von Fortingall« stehe, bin ich maßlos enttäuscht. So klein, so verkrüppelt gewachsen (und inzwischen so zugemauert)! Man entdeckt den Baum nur, wenn man mit der Nase darauf gestoßen wird. Weiß Gott, warum Biologen ihm ein Alter von mehreren tausend Jahren unterstellen. Ernüchtert radle ich weiter.

Nun kreuze ich den River Tay und erlebe für ein paar Kilometer ein ganz anderes Schottland. Stuten bewachen auf den Weiden geduldig ihre Fohlen. Die Zweige der Ebereschen hängen fruchtschwer herab. Reife Ähren beugen sich, als warteten sie auf den Schnitt. Doch das friedvolle Bild des Tales trügt. Ein Blick zum Horizont verrät: Auf mich wartet Muskelarbeit, die »Grampian Mountains«.

Die erste Begegnung mit einem Gleichgesinnten (für Wochen sollte sie die einzige bleiben). Der Belgier meint, Schottland habe sich seit zwanzig Jahren nicht verändert, nur er sei inzwischen »alt« geworden – und: »Verschalte ich mich am Berg, dann komme ich nicht mehr in den Sattel. Fahren Sie ruhig voraus, Sie sind jünger und schneller als ich.« Das Kompliment stimmt leider nur zur Hälfte.

Bis zum nächsten See, Loch Tummel, gibt sich die Natur noch recht zahm. Die kleine *B 846* durchläuft eine Postkartenlandschaft. Das Motiv: »Heideblüte in den Grampian Mountains«. Wie kann ein Land so schön sein! Voraus wird ein Inn sichtbar. Die Gaststätte liegt goldrichtig. Radlermuskeln müssen regelmäßig gefüttert werden. »Alles, was Sie bei mir auf den Tisch bekommen, ist selbst gekocht und selbst gebacken«, verspricht mir der Wirt. Dann ergänzt er: »Heute gibt es Zwiebelsuppe und frisches Brot. Das ist noch warm!« Die Gaststätte war früher eine Kutschenstation. Wo jetzt das Bier ausgeschenkt wird, so erfahre ich, standen einmal die Pferde. Wo ich sitze, lagerte das Heu. Auf dem Boden über mir trocknete das Getreide. Schön, daß sich das alte Gebäude unversehrt in die Neuzeit retten konnte. Als ich mich verabschiede, verspricht mir der Wirt noch viele »Schiebe-Meilen«. Leider sollte er recht behalten.

Vor mir nun die schnelle *A9*. Im Highwayformat überwindet sie auf Betonstelzen den Paß von Killicrankie – etwas für eilige Schottlandreisende. Ich suche mir mein eigenes Sträßchen – nahe dem Fluß. Der »Pass of Killicrankie« war früher einer der wenigen Zugänge in die Highlands. Hier konnte man den Feind abfangen; und eine der seltenen militärischen Sternstunden Schottlands ereignete sich in dieser Schlucht. Nur kurze Minuten dauerte die Schlacht zwischen den Highlanders unter John Graham of Claverhouse und den Regierungstruppen, geführt von General Mackay. Obwohl zahlenmäßig unterlegen, errangen die Schotten einen totalen Sieg. Und wäre ihr Anführer nicht das Opfer einer verirrten Kugel geworden, das Rad der Geschichte hätte sich vielleicht anders gedreht. Doch führerlos geworden, verloren sie bereits die nächste Schlacht. Unweit des Passes liegt *Blair Castle*. Ich leiste mir ein Stück Radler-Arroganz und belasse es bei einem

Eine wahrhaft königliche Aussicht: »Queen's View« über Loch Tummel

Blick auf die Fassade. Offensichtlich haben viele Edinburgh-Festival-Besucher diese Vorzeige-Burg in ihr Programm mit aufgenommen. Busse stauen sich. Mir sind Innenaufnahmen von Blair Castle bekannt: hochherrschaftlich von der ersten Stufe bis zur letzten. Der »Duke of Atholl« benötigt mein Eintrittsgeld bestimmt nicht.

Weil die Sonne den Tag verwöhnt, radle ich ihr nach. Ein letztes Mal Robert Burns, die »Wasserfälle von Bruar«. Durch den Birkenwald von Aberfeldy vorgewarnt, lasse ich das Rad am Wegbeginn zurück. Nicht immer wird es hier so stimmungsvoll sein. Aber heute fahren die Busse wohl nur bis Blair. So habe ich den verschlungenen Pfad und die Wasserfälle für mich allein. Ich kann nachempfinden, warum der Dichter hier ins Schwärmen geriet.

Zurück geht die Fahrt über den Paß: der aus dieser Richtung gar keiner mehr ist. Das Tal – und damit die nächste Stadt – findet das Rad von selbst.

Zu bunt, zu laut, dieses Pitlochry! Zu viele Gaststätten, zu viele Souvenir-Geschäfte! Ich bin schon durch und muß umkehren. Die Abzweigung ins »Glen Brerachan« liegt mitten im Ort. Man sollte nicht rasen!

War mein Weg in die Berge bisher eher ein moderates Wechselspiel von Steigungen, so zeigt die Straße jetzt steil nach oben. Die Berge werden zum Gebirge. Ich richte mich aufs Schieben ein. Schottland ganz langsam!

Geschichten bei einer Tasse Tee

Eben noch Pitlochry – mit seinem Kniefall vor dem Tourismus – und jetzt das! Der Kontrast könnte nicht größer sein. Ein letztes bewohntes Haus. Dann ein verlassenes, danach eine Ruine. Schließlich nichts mehr, was an Menschen erinnert – allenfalls die Schneestangen am Wegrand. Schafe scheuern sich an ihnen, haben vielen schon eine »Taille« gewetzt. Ich beginne die Schneehühner zu zählen, die mit schwirrendem Flug vor mir flüchten, um ein Stück weiter wieder in das Heidemeer einzufallen. »Meer« ist der richtige Ausdruck für das violette Blütentuch, das hier oben in den Bergen von Horizont zu Horizont reicht. Unsere Lüneburger Heide ist hierzu im Vergleich ein kleiner Farbklecks. Ich schiebe das Rad. Die Steigung will nicht enden, und sie braucht es auch nicht; diese Landschaft ist wie eine Einladung zum Bleiben.

Den blauen Mantel erkenne ich schon von weitem – eine Frau. Erst als ich die Gestalt erreicht habe, sehe ich, daß sie vor einem kleinen Gedenkstein steht. Wenn Menschen beten, dann stört man nicht. Doch sie ist es, die mich anspricht: »Was für ein schlimmer Tod! Ich gehe jeden Tag hier auf den Berg, immer bis zu diesem Stein. Obwohl ich weiß, daß es mich traurig machen wird. Er war Postmann. Ist das nicht ein schlimmer Tod?« wiederholt sie ihre ersten Worte. Ich sehe genauer hin. Der Briefträger »John Gonther« war nicht etwa mit dem Auto vom Weg abgekommen, den Hang hinabgestürzt und dann in den Flammen des Wagens verbrannt (was ich zunächst annahm), sondern wurde hier im März 1897 Opfer eines Schneesturms. Trauer, die in der Bevölkerung seit hundert Jahren anhält. So etwas beeindruckt. »Ich werde jetzt wieder hinuntergehen«, unterbricht die Frau meine Gedanken, »zurück ist es für mich einfacher. Auch Sie werden es bald geschafft haben«, macht sie mir Mut. »Dort oben ist der Sattel, und jeder Berg hat ein ›Dahinter‹.« Mit diesen Worten geht sie. Welch langer, einsamer Weg für eine Frau! Ich ziehe das Tagebuch hervor und notiere die Begegnung, auch die letzten Worte: »Every hill has a behind.« Wie das klingt! Ganz so, als wollten Berge Radler wieder versöhnen. Den Ausspruch werde ich mir merken. Das »Dahinter« ist in diesem Fall ein Tal – grün ausgelegt, mit Schafen gesprenkelt. Die breite *A 93* schluckt mein Sträßchen. Doch meine Befürchtung, daß ich mich nun mit Autofahrern, gar mit Lastwagen arrangieren muß, bewahrheitet sich nicht. Auch Hauptstraßen können in Schottland leer sein. »Hallo!« »Ja, hallo!« Da ist jemand neugierig. Ich möchte nicht unhöflich sein, stoppe. Der Mann beantwortet mein »Christian« mit »David Stuart«. »Woher? Wohin? Wieviel Pfund wiegt das Gepäck?« Fragen an einen Fremden. Auch ich frage: »Fährt man hier manchmal mit *so* etwas?« Es geht um das Schnee-Mobil, welches neben der Scheune parkt. Der Farmer klärt mich auf: »Wir haben hier sechs Monate Winter. Ich brauche das Ding, um Futter für die Schafe hinauszufahren. Die verhungern mir sonst. Der letzte Winter war so lang, daß der Frühling ausfiel.« Die Berge ringsum bestätigen es. Das sind die Highlands pur. Als David Stuart seine Fragen alle beantwortet weiß, verabschiedet er sich: »Ich muß noch ein paar Schafe aussuchen. Sie sollen fotografiert werden – für den Wettbewerb. Vielleicht gibt es einen Preis.« Wir wünschen uns gegenseitig »Viel Glück!«

Mir ist klar, daß ich den nächsten Paß, des »Teufels Ellbogen«, vor Einbruch der Dunkelheit nicht mehr schaffe. So suche ich mir am Fuß der Berge ein Plätzchen für mein Zelt – mit »Hausbach« – der Romantik wegen. Bergbäche, so heißt es, murmeln manchmal Geschichten aus der Gegend, die sie durchfließen.

Ein Tag klingt aus. Statt Autogeräuschen das gutturale Glucksen der Schneehühner. Das monotone Fließgeräusch des Baches läßt mich meine Müdigkeit noch bewußter empfinden. Was ich dann im letzten Licht sehe, wirkt wie eine Fata Morgana. Auf dem Hang über dem Zelt – vor dem helleren Himmel als Hintergrund – steht scherenschnittgleich ein Hirsch. Er sichert. Wenig später erscheint das Rudel. Es sind über zwanzig Tiere. Ein Jäger könnte bei einem solchen Anblick vor Aufregung das Gewehr ergreifen. Ich spiele »versteinert«. Ohne mich zu bemerken, kommen die Tiere den Hang herunter an den Bach. Er ist ihre Tränke. Ein Hirschrudel in Steinwurfweite! Wenn das kein Erlebnis ist.

Die Weiterfahrt am nächsten Morgen verzögert sich. Denn ich gehe auf Pirsch – und erfolgreich. »Blattschuß« mit der Kamera! Das Rudel konnte ja nicht weit sein. Äsungsgebiet und Tränke liegen stets nahe beieinander. Nach der Fata Morgana des Vorabends nun der fotografische Beweis; der eventuelle Verdacht des »Jägerlateins« ist damit ausgeräumt.

Ein Schneetor am Straßenrand deutet es an: Die Strecke ist im Winter manchmal geschlossen. Doch der Paß »Devil's Elbow« erweist sich nicht so wild wie sein Name. Die Straße ist ausgebaut; den Grund dafür erkennt man in der Ferne. Planer schrecken vor nichts zurück, auch nicht vor einer Skisportanlage inmitten der Einsamkeit der Grampian Mountains. So mancher Highlander würde sich im Grab umdrehen. Ich versuche wegzuschauen, um diese Beleidigung der Natur nicht zu sehen.

»Every mountain has a behind!« Und da ist es wieder, das »Dahinter«: Heideblüte in die Stille der Berge gebettet. Das versöhnt mit dem Schrecken zuvor! Zurückschauend kommen mir jetzt die Skilifte wie eine Fata Morgana vor. Ich lasse die Bremsen schleifen – nur nicht zu schnell hinab ins nächste Tal! Aber es kommt unabwendbar näher. Bald weitet es sich. Die Berge machen Platz für Wiesen und Felder. Mein »Dahinter« ist zu Ende. Ich bin am River Dee.

Heute ist Sonntag (wenn mein Strichkalender stimmt), doch der Straßenrand ist menschenleer. Das ist nicht immer so. In der Nähe liegt *Balmoral Castle*, die Sommerresidenz der könglichen Familie. Weilt die Queen hier, so geht sie natürlich zur Kirche, und so mancher Royalist hofft sie zu sehen. Man wartet geduldig am Straßenrand. Ich spare mir den Besuch von Königlichem. Dieses Balmoral liegt gedanklich weit abseits meiner Reiseroute. Schon bin ich auf dem Weg zum nächsten Paß.

Moosbärtige Birken, Adlerfarn, ein Bergbach plätschert. Dichtgedrängt warten Schafe in einem Gatter auf die Schur. Andere haben ihre Wolle bereits lassen müssen. Sie blöken ihr Gegenüber an, weil sie es für eine Ziege halten, ohne zu wissen, daß sie – selbst so stoppelhaarig – ganz ähnlich aussehen. Aber das Lächeln über so viel Blödheit vergeht mir bald. Das Fließgeräusch des Wassers wird lauter. Die Steigung wird unangenehm. Jetzt heißt es Höhenmeter niedertreten.

Der Rest eines Kiefernwaldes; dann offene Heidelandschaft. Über mir windgehetzte Wolken. Still ist es hier oben. Das ist wieder Schottland für Genießer. Mit der Höhe rutscht die Temperatur in den Keller. Eine der Wolken entläßt einen Hagelschauer. Ich mache Fingerübungen. Wie unangenehm laut das Motorgeräusch eines Autos sein kann. Der Wagen hält. Aus dem Seitenfenster heraus das »Siegeszeichen«: »Well done!« Dann meint der Fahrer: »Ist Ihr Rad nicht etwas schwer beladen? Warum nehmen Sie damit diese Steigung? Von Ballater aus wäre es einfacher.« Was soll ich dem Mann antworten? Gepäck! Steigung! Eine weitere Nebensächlichkeit wäre der Hintern meiner alten Hose: Er ist bald durchgescheuert. Ich versuche es mit einer Erklärung: »Die Stille! Die Weite ...!« Ob er das versteht? Vielleicht, wenn er den Motor abstellen würde.

Ein weiterer Hagelschauer verwandelt die Straße in ein weißes Band. Nun bin ich doch froh, daß die Abfahrt naht. Als erstes passiere ich eine Ruine. Der Wind singt durchs löchrige Dach. Die Fahrspur, die einst zu dem Haus führte, hat sich die Natur zurückgeholt. Dann eine Marienstatue: *Lady of the Snows*. Wie passend der Name – bei diesem Weiß vom Himmel! Mag sie alle Briefträger segnen und alle, die im Winter über diese Berge müssen!

Ein »Café«! Eine warme Stube, ein Schild »home baking«. Das richtige für klamme Radlerhände und einen durchhängenden Magen. Auf Bergstrecken wie diesen verfliegen die Kalorien. Aufgewärmt und aufgetankt danke ich im Weiterfahren der *Lady of the Snows*, als hätte sie voller Mitleid das Café für mich gerade hier plaziert. Es folgen typisch schottische Bilder: Ein einsam gelegener Friedhof, eine Burg grau wie der Himmel. Ich halte, frage die Karte. Es ist *Corgarff Castle*. Dann die Brücke über den kleinen Fluß »Don«. Die Straße krümmt sich zur Kurve und wirkt weiter vorne wie himmelwärts geschleudert. Als Radler braucht man keine Schilder, die den Gradienten anzeigen. Mit Gepäck ist es bei zehn Prozent Steigung aus. Ab fünfzehn macht das Schieben Mühe. Bei zwanzig muß man schon hinter den Sattel haken und ziehend nachhelfen. Wird es noch steiler, beginnt man die Schritte

Solche Highlandstraßen führen in die Einsamkeit.

zu zählen. Die Schmerzgrenze ist erreicht. Oben angekommen, sehe ich im Rückblick (wie erahnt): »Zwanzig Prozent Gefälle!« Eine Tafel mahnt die Autofahrer zur Vorsicht. Doch die Straße hängt nur kurz durch. Schon folgt die nächste Steigung. Hinterhältig tief sind sie gestaffelt, diese Grampian Mountains! Bei solchem Terrain fährt man keine Rekorde. Doch die Frage, ob ich hier oben in luftiger Höhe mein Zelt aufschlagen sollte, wird vom Wetter beantwortet. Die nächste Regenfront naht. Ein richtiges Bett wäre mir bei solchen Bedingungen lieber.

Der Paß über den »Lecht« dürfte einer der höchsten Schottlands sein. Mit Stotterbremse taste ich mich auf nasser Straße hinab. Wolkenfetzen treiben vorbei. Eine Regenflut löscht das Feuer der Heideblüte, färbt die Einsamkeit grau. Wie düster die Landschaft nun wirkt. Vorsichtig versuche ich das Rad zum Stehen zu bringen. Da war doch etwas! Keine übliche Ruine, sondern ein Haus mit einem »Gesicht«. Die leeren Fensterhöhlen die Augen, das große Türloch der Mund – wie zum Schrei geöffnet. Selten habe ich eine so perfekte Kulisse für einen Gruselfilm gesehen. Langsam rolle ich weiter.

Auch das nächste Haus liegt verlassen da – aufgegeben, zugenagelt. Schwarzes Blech und Holz vor den Fenstern. Mit etwas Phantasie könnte man in ihm ebenfalls ein steinernes Gesicht sehen. Nach langer Leere der erste Bauernhof, am Straßenrand ein Schild »B & B«. Da hatte ich mein Bett!

Die Tür steht offen, aber auf mein Klingeln erscheint niemand. Ich setze mich auf die Schwelle und warte. Die Dunkelheit würde den Farmer und seine Frau schon nach Hause schicken. Daß die Haustür offensteht, ist ein schönes Zeichen. In diesem Land kann man sich solches Vertrauen noch leisten!

Die beiden kommen mit dem Traktor. »Sorry, daß Sie warten mußten! Sie haben sicher das Schild gesehen. Ich werde Ihnen das Zimmer erst zeigen«, meint die Bäuerin. Meine Antwort, das merke ich, gefällt ihr: »Ich habe mir in Schottland noch nie ein Zimmer vorher angesehen!« Erst jetzt bemerkt sie das Rad: »Sind Sie damit über den Lecht gekommen? Mein Gott!« Der Bauer hat den Traktor eingestellt und winkt herüber: »Schieben Sie das Rad hier in die Scheune! Nicht, daß es gestohlen würde – nur wegen des Regens!« Wenig später parkt mein Bike vor Strohballen.

Menschlichkeit braucht keine große Etikette, und echte Herzlichkeit macht Schlichtheit wett. Ein Händedruck, ein zweiter. Die Bäuerin, Mrs. Grant, genauer »Margaret Grant«, nimmt sich meiner an: »Ich werde Ihre Gummistiefel mit Zeitung ausstopfen und den Regenanzug zum Trocknen aufhängen. Geben Sie mal her!« Welche Fürsorge!

Ich glaube, es war jene Mrs. Ormean, in Port William, die mir gleich zu Beginn der Reise den Tip gab: »Wenn Sie Bett und Frühstück suchen, dann bleiben Sie am besten weg von den Städten und den Orten, die von Touristen leben. Dort wird man ihnen nur sagen: ›Hier ist Ihr Zimmer! Frühstück gibt es von halb acht bis um neun!‹ Schottland werden Sie so wenig erleben. Bleiben Sie lieber auf dem Land. Und bietet ein Farmhaus ›B&B‹ an, dann sind Sie richtig!« Mrs. Ormean hatte sicher nicht in allem recht. Aber ihr Farmhouse-B&B-Tip stimmte. Die Grants lieferten den Beweis dafür.

So mancher Autofahrer fuhr wohl angesichts der grauen Schuppen und Scheunen und des vielen Rostes in Form von altem Ackergerät (das hier überall herumsteht) an dem Hof vorbei. Außerdem: An der Tür kein einziges Sternchen, kein »commended«[7], nicht einmal ein »approved«[7]. Da zog man lieber ein Bett unten in Tomintoul vor. Doch *ich* fühle mich hier pudelwohl.

Vor mir steht ein Tablett mit Butter, einem »Berg« Brot, Keksen und Kuchen. Dazu eine große Kanne Tee. Der Radler war nicht nur naß, er mußte auch hungrig sein. Die Bäuerin bringt mir eine Tomate und entschuldigt sich: »Tut mir leid, ich habe nur diese eine!« Ob sie vielleicht noch etwas für mich tun könnte? Ich verneine: »Danke, Mrs. Grant, alles ist ›perfekt‹!« Nach einer Weile schaut sie wieder zur Tür herein: »Reicht die Butter? Haben Sie noch Tee?« Mit vollem Mund signalisiere ich: »Danke, alles okay!« Sie erscheint ein drittes Mal: »Doch noch etwas?« Jetzt halte ich sie fest: »Mrs. Grant, wie lebt es sich hier im letzten Hof am Lecht? Er hat doch sicher auch einen Namen?« Die Antwort der Bäuerin ist ein Versprechen: »Ich werde mich nachher etwas zu Ihnen setzen. Da können wir ein bißchen miteinander reden.« Wenn das kein Angebot ist!

Mrs. Grant ist ins Zimmer gekommen, hat sich einen Stuhl zurechtgerückt. Die Hände im Schoß gefaltet, wartet sie auf meine Fragen.

»Wie lebt es sich – mit dem Rücken zu so einsamen Bergen ...?« »Life ist not easy ...« Margaret Grant beginnt zu erzählen. Für einen Augenblick lösen sich ihre Finger, dann finden sie sich wieder wie zum Gebet. »... unsere Farm heißt ›Blairnamarrow‹...« Die Übersetzung aus dem Gälischen liefert sie mir gleich mit: »Das heißt ›Platz des Kampfes‹. Aber wer hier gegen wen gekämpft hat, das weiß niemand mehr.« Ich erwähne das Haus mit den »Augenhöhlen« und dem »schreienden Mund«. »Da hat niemand gewohnt«, meint sie. »Eine alte Mine. Das Erz hat man mit Pferden hinunter nach Tomintoul gebracht ... es lohnte sich bald nicht mehr. Haben Sie auch das andere Haus gesehen, das mit den schwarzen Fenstern?« fragt sie mich. »Natürlich, richtig zugenagelt war es!« bestätige ich ihr. »Eine schlimme Geschichte ...«, geht das Erzählen weiter. »Der Vater meines Mannes und ein Polizist wurden dort angeschossen – von einem Mörder: Toplis, Percy Toplis hieß der. Er hatte in London jemand umgebracht und war auf einem Fahrrad hierher geflüchtet – über den Lecht. Sie sind ja auch über den Berg gekommen. In dem Haus hat er sich versteckt. Als es kalt wurde, machte er Feuer. Aber hier weiß jeder, wo jemand wohnt, und im Winter stand das Haus normalerweise leer ... es war nur für die Hirten. Als mein Schwiegervater den Rauch sah, holte er den Polizisten aus Tomintoul. Die gingen zusammen hin, und der Mörder hat beide angeschossen. Er haute wieder mit dem Fahrrad ab – zurück über den Lecht. Irgendwo hat man ihn dann gekriegt und erschossen ... Der Lecht hat viele Geschichten! Interessiert Sie denn so etwas?« fragt sie mich. Was soll ich Mrs. Grant antworten? In Gedanken schreibe ich doch bereits mit. Die Bäuerin erzählt weiter: »Der Lecht ist ein ›böser Berg‹. Sie haben doch sicher das Schneetor gesehen? Im Winter ist es geschlossen. Es kann hier schneien... und schneien. Ein Mädchen aus Tomintoul besuchte seine Eltern auf der anderen Seite. Es hieß wie ich, Margareth. Alle hier in der Gegend kennen die Geschichte. Es verirrte sich im Schnee. Man fand sie erst im nächsten Frühjahr. Auf dem Friedhof unten am Don liegt sie begraben. Man nennt die Tote ›The Loss of the Lecht‹. Jemand hat sogar ein Lied über das Unglück geschrieben: ›Good people all, both young and old ...‹« Mrs. Grant möchte mir den vollständigen Text zum Lesen geben. Sie steht auf, um ihn zu holen. Wenig später klingt es aus dem Nachbarzimmer herüber: »Kennen Sie den ›Scalan‹? Wenn ich das Büchlein finde, bringe ich es mit. – Weißt du, wo das Büchlein über die Kirchen ist?« fragt sie ihren Mann. Nun suchen sie beide.

Eigentlich müßte ich sagen: »Mrs. Grant, es ist schon spät. Sie hatten sicher einen langen Arbeitstag, danke fürs Erzählen.« Doch zum Abwiegeln komme ich gar nicht. »Hier ist es!« Mit einer Zeitung und einem Heftchen in den Händen setzt sie sich wieder zu mir. »Das ist das Lied... und hier drin ist die Geschichte vom ›Scalan‹...«

Die Zeitung ist arg vergilbt und, wie das Datum zeigt, fünfzehn Jahre alt. Sie enthält die vollständige Geschichte vom »Loss of the Lecht«, dem Schneetod der neunzehnjährigen Margareth Cruckshank. Auch die Ballade ist darin abgedruckt; und es heißt, die Leute sängen sie an Winterabenden am Torffeuer.

»... Pray hear the tale I now unfold
't will make your blood run very cold
To think upon this morning...«

Ja, das Blut könnte einem in den Adern gefrieren, wenn man an den Tod des jungen Mädchens denkt, das im Schneetreiben vergeblich um Hilfe rief. Und der »Scalan«? Was war das für eine Geschichte? Mrs. Grant meint, morgen bei der Weiterfahrt solle ich aufmerksam nach rechts schauen. Dort liegt ganz versteckt ein weiteres Haus ... ein Haus voller Geschichte.

Im »Scalan«, so lerne ich aus dem Büchlein, wurden nach dem Verbot der katholischen Kirche weiterhin Priester geschult. Von drei Seiten durch Berge getarnt, an der vierten von einem Moor geschützt, galt das Haus als »der geheimste Ort Schottlands«. Er war Farm, Kirche, Universität in einem. Nur einmal wurde er zufällig entdeckt, von Reitern Cromwells. Sie brannten das Gebäude nieder, ohne jedoch seinen wahren Zweck zu erkennen. Mönche und Schüler hatten sich und alles Schrifttum rechtzeitig in Sicherheit gebracht. Ein Jahr später war der Scalan wieder aufgebaut; und für ein weiteres halbes Jahrhundert fanden von dort Priester auf geheimen Wegen zu den Menschen, um eine »verbotene« Religion zu predigen.

So viel Schottland! So viel Material für mein Tagebuch. »Farmhouse Bed and Breakfast«. »Danke für den Tip, Mrs. Ormean! Danke, Mrs. Grant!«

Am nächsten Morgen fragt die Bäuerin, wie ich geschlafen habe. Nun, wie schläft man in einem Bett mit vier Kissen und einer zusätzlichen Decke, dazu im Kopf gruselige Geschichten und in den Knochen den Lecht, der einen Radler mit zwanzig Prozent Steigung empfängt? Da gibt es nur eine Möglichkeit: »traumhaft« tief.

Nach einem Frühstück »für zwei« heißt es wieder ein paar Hände schütteln. Doch Abschied von den Grants, das geht nicht so glatt mit einem »Many thanks!« und einem »Good bye!« ab. Das

Wo die Schafe zwischen Blüten weiden.

Wasser in meiner Trinkflasche wird gegen frischen Tee gewechselt. Eine Butterstulle soll dem Verhungern vorbeugen. Dann bekomme ich noch eine Wettervorhersage, die auf sechzig Jahren Lebenserfahrung beruht: »Die Wolken fliegen hoch«, meint Mr. Grant. »Es wird heute nicht regnen! Aber morgen werden Sie naß werden.« Ein langes Nachwinken. Das Rad folgt der Schwerkraft. Unten im Tal wird es von selbst stehenbleiben.

Der Ort Tomintoul. Ihn kannte ich aus den Geschichten. Doch Vergangenheit und Gegenwart unterscheiden sich. Ein Schild empfängt mich: »Willkommen auf dem Whisky Trail!« Jetzt werde ich mich wohl ein bißchen auf Tourismus einstellen müssen.

Vom Whiskystrom zum Goldfluß

Die Landschaft hat ihren »Rhythmus«. Man zwingt das Rad einen Berg hinauf, wartet gespannt auf das »Dahinter«. Es folgt die lange Abfahrt, ein Tal, ein Fluß – an diesem ein Dorf. Auf der anderen Seite der Brücke wartet das nächste Hindernis. Alles wiederholt sich: Berge ohne Bäume. Bucklig geschabt von den Gletschern. Heidekraut hat selbst die Gipfel erobert. Mit jedem Höhenmeter wird es stiller. Dann wieder die Abfahrt: nur ein vorübergehender Abschied. Es wird ein Dacapo geben. Das ist Schottland! Das sind die Highlands!

Ich bin schon wieder auf Abwegen. Links die Ausläufer der »Cairngorm Mountains«, rechts die »Hills of Cromdale«. Was für eine Natur! Sie ist wie ein Diktat: »Anhalten!« Einer, dessen Seele sie wohl auch berührt hat, steht jetzt wenige Meter neben mir. Ein Landsmann, das Autokennzeichen verrät es. Er kann nicht ahnen, daß wir die gleiche Sprache sprechen. Seine Worte gelten auch nicht mir, so klingt eher ein Selbstgespräch: »Diese Natur… wie still…!« Der Mann erschrickt fast, als ich ihm unvermutet antworte: »Ja, und dazu paßt nur eine Ruine, kein richtiges Haus!« Eine solche steht tatsächlich in unserem Rücken. Das heißt, eigentlich ist nur noch der Schornstein übriggeblieben. Wie ein mahnender Finger zeigt er himmelwärts. Jemand hat die schottische Flagge auf die Steine gemalt, jenes weiße Kreuz auf blauem Grund, unter dem die Covenanter[8] kämpften, und das sich so deutlich vom roten Banner des Feindes abhob. Durch die Bemalung wirkt der Schornstein wie ein patriotisches Monument. Ich verabschiede mich von meinem unbekannten Gesprächspartner: »Sollten Sie weiter nach Süden fahren, über den Lecht, dann werden Sie noch mehr solche ›Einsamkeit mit Ruinen‹ finden.«

Meine Straße ist eher ein geteerter Feldweg. Statt in die Pedale zu treten, »rudere« ich mein Rad, eine treffende Bezeichnung für diese Fahrt durch ein »Meer aus Heide«. Daß ich schließlich in Nethy Bridge »anlege«, verrät mir ein Schild: »Registrierung von Geburten, Todesfällen und Hochzeiten – District of Nethy Bridge«. Eine kurze Rast, dann entscheide ich mich – nach so viel Natur – für ein Stück Nostalgie, den Bahnhof von »Boat of Garten«.

Da steht sie, die alte Lok von 1899! Seit fast hundert Jahren schnauft sie durchs Tal des River Spey. Die »Bye-Laws and Regulations made by the Highland Railway Company« sind noch älter: »Jeder, der versucht mit einem Fahrschein zu reisen, der für den Tag nicht gültig ist, oder mit dem er schon einmal gereist ist, wird mit einer Strafe von vierzig Schilling belegt. Kein Reisender darf… Es ist verboten…«

Was da mit preußischer Gründlichkeit formuliert wurde, stammt »vom 23. Tag im Oktober 1887«. Es gibt viel zu lesen und zu schauen in der Station »Boat of Garten«. Dabei gerate ich an Malcolm Sterry. Er ist der stolze Lokführer und hat das Blau seiner blechernen Teetasse dem Blau des alten Dampfrosses angepaßt. »Darf ich mal reinschauen?« Malcolm Sterry öffnet mir den Einstieg. Im Führerstand der Lok glänzt es. Messing pur! Hundert Jahre liebevolles Abwischen haben das Metall poliert. Ebenso glänzen die Augen von Eisenbahnfans beim Anblick der alten Technik.

Der Fluß, den ich nun überquere, ist der River Spey. An seinen Ufern strömt der Whisky. Destillerien im Dutzend. Das lockt! Soeben habe ich die erste Brennerei passiert, und schon folgt die nächste, die *Glenfarclas*. Vielleicht gelingt es mir, einen Schleichpfad zu finden.

Der Whisky hier lockt zu viele Liebhaber an.

»Die Wolken fliegen hoch! Es wird nicht regnen!« hatte Mr. Grant vorhergesagt. Jetzt, wo es Abend wird, kann ich ihm bestätigen: »Sie sind hoch geflogen! Es hat nicht geregnet!« Doch als ich meine Unterkunft in »Grantown on Spey« betrete, weiß ich, was mich morgen erwartet. Ich soll zur Wasserratte werden.

Birken-, Kiefern-, Lärchenwald. Da ist mein Schleichweg! Wenn er mich doch auch am Wetter vorbeiführte! Ich werde von oben bis unten eingejaucht! Am Südufer des River Spey strömt der Whisky. Hier gießt es. Berge zu beiden Seiten: ihre Gipfel der »Reißverschluß« für die Wolken. Wassertreten statt radeln. Vom Südwester rinnt es, vom Anzug läuft es, aus den Gummistiefeln schwappt es. Wäre es nicht so kalt, würde ich in Sandalen wechseln. Da hätte das Wasser freien Durchfluß. Mir ist gar nicht nach einem Whisky, eher nach einem Glühwein, oder Grog – das heiße Glas zum Händewärmen, der Inhalt zum inneren Nachheizen. Immerhin beuge ich mich einem erlauchten Namen der Whisky-Kultur: *Glenfiddich*. Wer den Parkplatz und die Empfangsräume der Distillery sieht, der begreift sofort: Das ist kein Ort für einen Individualisten. Maulend mache ich kehrt. Morgen werde ich mir eine andere Brennerei suchen.

Nach einem solchen Tag braucht man eine Belohnung. Ich leiste mir ein Stück Radler-Snobismus, ein Hotelzimmer. Bei meinem Anblick fragt mich die Frau an der Rezeption: »Wo kommen Sie denn her? Sind Sie den River Spey heruntergeschwommen?«

Ich antworte fast wahrheitsgemäß: »Ja, mit einem Fahrrad – in Ufernähe!« Als ich wissen möchte, ob ich Essen und Übernachtung morgen früh zusammen bezahlen könne, fällt sie ins Du: »Aber natürlich, es wird schon nicht allzu dramatisch werden, mein Lieber!« Das »my dear« geht ihr so leicht über die Lippen, als duze sie alle Gäste.

Umplanen gehört zu einer solchen Reise. Wenn nicht die *Glenfiddich,* dann vielleicht die *Dallas Dhu.* Die stillgelegte, aber vollständig erhaltene Brennerei bietet einen Vorteil: keine Führung unter Gruppenzwang, keine Zeitvorgabe für die Do-it-yourself-Besichtigung. Man kann also bummeln.

Ich erwische einen fast historischen Tag. Die Lagerhalle von *Dallas Dhu* wird geräumt. Ein gereifter Tropfen, denn die Brennerei hat 1983 geschlossen! Einer der Arbeiter deutet auf die Fässer: »Was da drin ist, das wird mit jedem Tag seltener!« Sollte es stimmen, wovon man spricht, daß die Distillery ihren Betrieb wiederaufnimmt, so wird man mehr als ein Jahrzehnt auf Gleichwertiges warten müssen.

Abseits des »Whisky-Trails« – und damit abseits eines schon recht ausgetretenen Touristen-Pfades – bin ich der einzige Besucher von *Dallas Dhu.* So gehe ich in aller Ruhe den Weg vom Gerstenkorn bis zum Eichenfaß. Das Malzen: Man weiche die Gerste in Wasser ein, warte auf die Keimung. Das Trocknen: Das so entstandene *grüne Malz* wird über einem Koksfeuer gewendet, wobei durch Torfzuschlag als Brennstoff das leicht rauchige Aroma entsteht. Das Mahlen und Maischen ..., das Fermentieren und Destillieren ... Es folgen noch viele Stationen. Am Ende heißt es warten – sechs Jahre, zwölf Jahre, für Kennergaumen auch noch länger. Als Gast hat man es da einfacher. Nach dem Rundgang kommt

Ein historischer Tag. Die letzten Whiskyfässer rollen aus den Lagerhallen von *Dallas Dhu.*

die Probe. Nur, einen echten *Dallas Dhu* wird es nun für viele Jahre nicht mehr geben, und wer ihn kaufen möchte, der muß die Quelle kennen.

Das Wetter war in den Vormittagsstunden gnädig gewesen. Jetzt prüft es wieder meine Ausrüstung. Der Unterschied zu gestern: Die Straße läuft heute in den Wind. Da hält kein Schutzanzug, was die Werbung verspricht. Bei so viel Wasser in der Luft stellt der Stoff das »Atmen« ein. Keine halbe Stunde, und die Bekleidung beginnt am Körper zu kleben. Was mir die Windböen an Nässe durch den Bart hindurch in den Kragen drücken, vermischt sich mit dem stauenden Schweiß. Wässerige Körperwärme bis in die Kniekehlen. Sechs Meilen, so die letzte Auskunft, sollen es noch bis zur nächsten Unterkunft sein. Sechs Meilen Wahrheit für die

Outdoor-Industrie. Ein Autofahrer hält, wagt aus dem Fensterspalt heraus zu lästern: »Weiterschwimmen, der Regen wird schon aufhören! Das war hier immer so!« Mit fällt eine bissige Antwort ein: »Klar! Sonst hätte man das Land nicht besiedelt!«

Ein Schild! Fast hätte ich es übersehen: »Farmhouse B & B«. Ich muß also gar nicht bis nach Forres radeln. Außerdem: Bett und Frühstück auf einem Bauernhof – da keimen Erinnerungen.

Wie ein Bittsteller stehe ich in der Tür von Mrs. Barcley: »Haben Sie ...?« Man hat! Das Rad kommt dieses Mal nicht zu den Strohballen, sondern vor die Kuhboxen. Die nasse Bekleidung wird mir abgenommen. Die Tageszeitung wandert zerknüllt in die Gummistiefel. Kenne ich das nicht schon? Eine Kanne Tee zum Aufwärmen. Kartoffelsuppe, Brot, Käse und Selbstgebackenes zum Magenfüllen. »Danke, Mrs. Barcley! Sorry, Flora!« Wie schnell das hierzulande mit dem Du geht. Draußen schütten die wütenden Wettergötter den Regen gegen das Fenster. Der Radler ist ihnen entkommen.

Dieses Mal ist es eher meine Gastgeberin, die Fragen stellt. »Schottland mit einem ›push bike‹? Das muß bestimmt ein Erlebnis sein. Du bist der erste Radler auf unserer Farm.« Ich skizziere meine Tour in 100-Kilometer-Sprüngen, und erwähne dabei auch das Erzählerlebnis bei den Grants. »Ach ja«, meint Flora Barcley, »unser ganzes Land ist voll von solchen Geschichten. Dort drüben am Hang, von hier kann man sie nicht sehen, liegt die *Castle Farm*. Die kannst du kaufen. Ein Makler bietet sie an. Die Burgruine kostet um die 50 000 Pfund. Haus und Land etwa das Doppelte. Aber wenn du wüßtest, was sich dort oben ereignet hat, würdest du wohl kaum einziehen wollen.« »Was hat sich ...?« Meine Ohren werden lang wie Miesmuscheln. Und Flora Barcley entpuppt sich als eine zweite Margaret Grant: »Ja, eines Tages schauten vom

Turm der *Castle Farm* Mutter und Tochter über die Felder. In einiger Entfernung pflügte der Vater. Da soll das Mädchen gesagt haben: ›Wenn ich will, bleiben die Pferde stehen!‹ Die Mutter wunderte sich, denn im gleichen Augenblick blieben die Pferde wirklich stehen. Der Vater schaffte es auch nicht, die Tiere wieder zum Gehen zu bewegen. Weil das der Mutter unheimlich vorkam, erzählte sie es dem Arzt in Forres. Der kam und untersuchte das Mädchen. Am Ende bestimmte er, daß ihr Blut ›in den Bach‹ müsse, denn sie sei eine Hexe. Er legte das Kind in die Badewanne und schnitt ihm die Pulsadern auf.« Flora wiederholt den so fürchterlich klingenden Satz: »Her blood must go to the burn!« Sie deutet mein Gesicht richtig. Es spiegelt Betroffenheit. Deshalb winkt sie ab: »Ach, weißt du, nicht jede Geschichte hier aus Raffort klingt so gruselig. Wenn dich ›richtige‹ Geschichte interessiert, dann solltest du morgen mal zu Mr. Thornley fahren. Der wohnt bei den ›Templestones‹. Ich weiß über die Steine wenig Bescheid. Er aber wird dir einiges darüber erzählen können.«

Sofort hake ich ein: »Wo finde ich diesen Mr. Thorn ...?«

Sie gibt mir eine Wegbeschreibung: »An der Kirche vorbei, dann rechts ...«

Es sieht ganz so aus, als würde der morgige Tag für mich zu einem »Programm«.

Flora Barcley kann nicht ahnen, daß ich einen Teil meiner Jugend in der Obhut von Ordensschwestern verbracht habe. Doch die Lektüre, die sie mir zum Lesen anbietet, »paßt«. Es sind die Monatshefte der nahe gelegenen Benediktinerabtei. Das Fach Religion war nie meine Stärke, so blättere ich eher gelangweilt in den Klosterzeitschriften. Eine Notiz fällt mir auf: Lord und Lady Cawdor hatten 2000 Pfund für die Abtei gespendet. Eine noble Geste. Flora erwähnt später, daß die beiden dort jeden Sonntag zur Kirche gehen. Mich macht etwas stutzig. Die Benediktiner, das ist selbstverständlich ein katholischer Orden, und *Cawdor Castle*, das wußte ich wohl, galt als eine der schönsten Burgen Schottlands – unzerstört, mit kompletter Einrichtung. Wenn nun aber die Cawdors Katholiken sind, wie hatten sie es geschafft, in zwanzig oder mehr Erbfolgen diese Burg unversehrt durch die Wirren der Kriege zu führen? Man wußte doch um das Schicksal anderer katholischer Besitztümer, der Kirchen und Klöster. Mir kommt ein verwegener Gedanke: »Cawdor Castle liegt auf deiner Route. Du bittest um einen Gesprächstermin beim Lord und seiner Lady. Die Antwort auf eine so heikle Frage könnte interessant ausfallen, und am Ende käme vielleicht sogar eine persönliche Eintragung in mein Tagebuch dabei heraus. Vielleicht?«

Abschied von George und Flora Barcley. »Farmhouse B&B«, was gibt es da noch hinzuzufügen! Ausgeschlafen, mit wieder trockenen Klamotten und mit einem Frühstück »auf Vorrat« im Bauch, gehe ich den Tag an. Das Programm kann beginnen: erst die Castle Farm, dann die Templestones, schließlich Lord und Lady Cawdor.

Wie hatte doch gestern der Autofahrer gelästert?

»Weiterschwimmen! Der Regen wird schon aufhören!«

Er hat es während der Nacht getan. Ich radle den letzten grauen Wolken hinterher. Die Farm ist nicht zu verfehlen. Ihr Burgturm signalisiert die Richtung. Doch bei meiner Annäherung beginnen Hunde zu bellen. Das Bellen klingt bissig. Nicht jeder Vierbeiner ist ein »Dhub«, der sich den Bauch kraulen läßt. So bleibe ich lieber auf Distanz. An irgendeinem der schießschartenartigen Fenster werden Mutter und Tochter gestanden haben. Der Vater mag den Acker gepflügt haben, an dem ich eben entlangradle. Ein Kind in der Badewanne »ausbluten« lassen – wie schrecklich! Leider

Ein Ort grausiger Geschehnisse, die »Castle Farm«

hatte ich versäumt, Flora Barcley zu fragen, wann diese grausige Tat geschah. Die letzte belegte Hexenverbrennung in Schottland ereignete sich in Dornoch, Ende des 18. Jahrhunderts. Eine gewisse Janet Horn mußte, der Hexerei verdächtigt, das Vaterunser auf gälisch beten. In der Aufregung versprach sie sich, sie begann: »Ar n-Athair a bha air neam...«, was bedeutet, Gott sei im Himmel *gewesen*. Der Versprecher brachte sie auf den Scheiterhaufen. Die Geschichte von der Kind-Hexe muß also noch älter sein.

Ich lasse das Rad wieder ins Tal zurückrollen. »Hinter der Kirche rechts...«, hatte Flora gesagt. Es ist gar nicht so einfach, jenen Mr. Thornley ausfindig zu machen. Doch dann stehe ich vor seiner Tür. Auf mein Klingeln öffnet eine ältere Frau: »Ja bitte?« Ich sage mein Sprüchlein: »... interessiere mich für die ›Templestones‹...«

»Wer hat Ihnen denn davon erzählt?« fragt die Frau zurück. Als sie erfährt, Flora Barcley sei meine Informantin, meint sie: »Ach so! Kommen Sie mal mit, er ist auf der Weide!« Am Gatter angelangt, formt sie die Hände zum Trichter: »Jack! Jaaack!« Ihr Mann ist in einiger Entfernung zwischen einer Herde Kühe zu sehen. Er antwortet durch Handzeichen. »So, gleich können Sie ihn fragen, er freut sich, wenn er anderen von seinen ›Templestones‹ erzählen kann.« Mit diesen Worten geht sie zum Haus zurück.

»Ich wollte sowieso aufhören!« begrüßt mich Mr. Thornley. »Sie möchten sicher die Templestones sehen! Steigen Sie durchs Gatter! Sie liegen hinten auf der Weide.« Meine Bitte hatte er offensichtlich gerochen. Zwischen glotzenden Kühen hindurch führt er mich zu einer Ansammlung Findlingen. Auf den ersten Blick erscheinen sie wie wahllos hingeworfen. Schaut man aber genauer hin, wird eine Anordnung ersichtlich. Ein Grab? Eine Kultstätte? Mr. Thornley stützt sich auf einen der Felsen: »Sie stehen vor einem der ältesten Gräber Schottlands! Es liegt genau an der Kreuzung zweier Wasseradern. Legen Sie mal Ihre Hand auf den größten Stein. Spüren Sie die Strahlung?« Ich folge dem Hinweis – und spüre nichts. Um den Farmer nicht zu enttäuschen, sage ich: »Es klappt wohl nur bei sehr sensiblen Menschen. Außerdem bin ich jetzt das zweite Mal mit dem Fahrrad den Berg heraufgekommen. Das macht den Körper träge.« Mr. Thornley meint, er und andere spürten die Strahlung des Steines ganz deutlich. Das Erklären geht weiter: »Die stärkste Wasserader kommt von dort«, er zeigt in nördliche Richtung. »Bis zum nächsten Grab ist es nicht weit – auch nach Süden. Man kann die Gräber in einer Linie verfolgen, bis hinunter nach Irland. Sie stehen immer auf Wasseradern. Schon vor 5000 Jahren spürten die Menschen solche Strahlungen.« Er zeigt auf runenartige Zeichen. »Was meinen Sie, was das ist? Eine ›verlorene‹ Sprache? Es waren Wissenschaftler hier, sogar aus Amerika. Aber keiner konnte dazu etwas sagen.« Ich höre aufmerksam zu. Allein, mir fehlt der Glaube. Wenn eine Pflugschar einen im Boden liegenden Findling ankratzt, entstehen ähnliche Riefen. Auch Erosion, oder »Stein gegen Stein« im Gletschergeschiebe, kann »Zeichen« erzeugen. Mr. Thornley weist auf einen weiteren Felsen: »Und dieser hier ist aus ganz anderem Material, solches Gestein gibt es bei uns nicht. Er ist ein ›Fremdling‹; wie mag er wohl hierhergekommen sein...?« Am Ende vieler Deutungen fasse ich meinen Eindruck zusammen: Die »Templestones« sind ein oder mehrere vorgeschichtliche Gräber. Das geschätzte Alter von 5000 Jahren mag stimmen. Ihren Namen verdanken sie sicher dem Umstand, daß vier der Steine säulenartig aufgestellt sind. »Danke, Mr. Thornley, das war sehr nett von Ihnen!« Doch so einfach will man den neugierigen Radler nicht weiterfahren lassen. »Wie wäre es mit einer Tasse Tee?« werde ich eingeladen. Noch ein wenig mehr Templestone-Deuten? Sie sind einfach liebenswürdig, diese Schotten!

Ich wäre sicher querbeet weitergefahren. Aber nun lockt mich ein »richtiger« Stein auf die Hauptstraße. Etwas weiter nördlich, in der Stadt Forres, steht einer der letzten Zeugen des untergegangenen Piktenreiches. Von den Schotten besiegt und letztlich assimiliert, hat das Volk der Pikten nur wenige Kulturzeugnisse hinterlassen. Die bemerkenswertesten sind die »Symbolsteine«. Obwohl viel jünger als vorgeschichtliche Funde wie die »Templestones«, haben sie doch etwas mit diesen gemeinsam: Man muß sich mit Deutungen begnügen. Für ihre bildhaften Verzierungen fehlt der Wissenschaft der Schlüssel. Der Piktenstein von Forres lohnt allemal den Umweg. Überaus reich verziert und gut erhalten, ist er als Geschichtszeuge so wertvoll, daß man ein Glashaus über ihm errichtet hat. Wind und Wetter können ihm nun nicht mehr schaden.

Nun bin ich auf dem Weg zu Cawdor Castle. Der *Covenanters Inn* an der Straße bei Auldearn liegt schon hinter mir, als ich wieder umkehre. Bei einem Bier wälze ich den Plan »Lord und Lady« hin und her. Die Enkelin von Sir Walter Scott ..., da war alles recht einfach gewesen. Der Zufall war Pate gestanden. Und wenn man dann noch – wie ein Kind, das auf eine Süßigkeit spitzt – auf »brav« spielt, so kann man Zusätzliches erreichen, etwa ein Autogramm. Doch ein Lord? Das ist für einen Radler wohl eine Schuhnummer zu groß. Als ich den *Covernanters Inn* wieder verlasse, bin ich mir noch immer nicht schlüssig. Wagen, oder nicht wagen?

Eine halbe Stunde später stehe ich am Kartenhäuschen von Cawdor Castle. »Mein Name ist ..., ich habe schon ein paar Dutzend Länder mit dem Fahrrad bereist, jetzt bin ich hier in Schottland, vielleicht ergäbe sich eine Möglichkeit, Lord und Lady Cawdor zu sprechen – für ein Autogramm in mein Tagebuch; es wäre mir eine Ehre!« Ein langer Satz, ein mutiger Satz. Ich habe mich entschieden! Die junge Frau schaut verblüfft. Sie mustert mich von Kopf bis Fuß: Second-hand-outdoor-look! Was mag sie denken? »Ein bißchen verrückt, der Typ!« Sie greift zum Telefon, gibt meinen Wunsch weiter. Kurzes Schweigen; dann wendet sie sich wieder an mich: »Sorry Sir! Lord und Lady Cawdor sind nicht anwesend. Sorry!« Ich glaube, in diesem Augenblick freut mich die negative Antwort. Feuchte Achselhöhlen vor Aufregung bleiben mir erspart. Wie hätte ich die beiden überhaupt anreden müssen? Englische Etikette kennt viele Nuancen. Vom »Sir« bis zu »Her Royal Highness« hat die Höflichkeitsleiter so manche Sprosse. Ich bedanke mich für die Mühe und werde zum stinknormalen Touristen: »Geben Sie mir ein Ticket für die Burgbesichtigung bitte!«

Was für viele schottische Burgen und Schlösser gilt, gilt auch für *Cawdor Castle.* Man schlendert durch die Privatgemächer der Besitzer. Reich an Rang und Ererbtem, sind diese doch auf ein Zubrot angewiesen: die Eintrittsgelder der Touristen. Der Unterhalt solcher Burganlagen verschlingt Unsummen. Der Kauf eines Führers lohnt sich hier, und siehe da, ich brauche Lord und Lady Cawdor gar nicht zu fragen, wie denn die Burg unbeschadet durch alle politischen und kriegerischen Wirren gekommen ist. Im Guide steht es. Die Legende erzählt, der »Thane[9] of Cawdor« sei auf der Suche nach einem Platz für eine neue Burg gewesen. Er belud einen Esel mit einer Truhe Gold und ließ ihn einen Tag lang im Distrikt umherziehen. Wo das Tier sich am Abend zum Ausruhen hinlegen würde, dort wollte er seine Burg bauen. Der Esel suchte sich ein Lager unter einer baumartigen Stechpalme aus. Diese steht noch heute im Keller von Cawdor Castle. Vom Gewölbe seit mehr als einem halben Jahrtausend überbaut, ist sie bereits auf dem Weg zur Versteinerung. Pures Glück und dieser Ilex, so eine Notiz vom Lord, waren es, die die Burg durch die »schwarzen Tage« brachten. Denn in der keltischen Mythologie ist die Stechpalme einer der sieben heiligen Bäume.

Genug geschaut. Ich stehe wieder vor Simplerem: meinem Fahrrad. Gerade will ich in die Pedale treten, als hinter mir ein Ruf ertönt: »Sir! Lady Cawdor ist gerade eingetroffen. Haben Sie noch Interesse ...?« Ich habe!

Wieder ein Telefongespräch. Wieder ein »Sorry!« »Leider, Sir, hat Lady Cawdor keine Zeit, Sie zu empfangen. Aber sie wäre bereit, Ihr Tagebuch zu signieren. Bitte warten Sie einen Augenblick.« Welche Wendung! Nach einigen Minuten erscheint ein Bediensteter: »Sir, geben Sie mir bitte Ihr Tagebuch – zur Vorlage bei Lady Cawdor.« Genau so steif, wie er die Hand danach ausstreckt, reiche ich es ihm. Das kann ja lustig werden! Wenn die Lady die nächste leere Seite des Büchleins aufschlägt, wird sie auf der gegenüberliegenden folgendes lesen: »The making and means of the Bible, Klosterzeitschrift Plusgarden, Lord und Lady Cawdor 2000 Pfund gespendet, Infos von Flora B.« Peinlicher oder amüsanter Zufall?

Wie lange doch eine Unterschrift dauern kann! Endlich kommt der Bedienstete zurück. Er trägt das Tagebuch mit angewinkeltem Arm vor der Brust. Die Worte, mit denen er es mir überreicht, klingen etwas spitz: »Kompliment, Sir! Lady Cawdor tut so etwas nicht häufig!« »Sicher«, denke ich, »auf den nächsten Radler wird die Burgherrin lange warten können.« Ich beherrsche meine Neugierde. Erst unterwegs schlage ich das Tagebuch auf. »Angelika« heißt sie! Der Name gefällt mir nicht ganz so gut wie das »Patricia« der Enkelin von Sir Walter Scott. Immerhin, mein Tagebuch wird mehr und mehr zu einem Dokument.

Beim Bier im *Covenanters Inn* hatte ich nicht nur an die bevorstehende Mutprobe in Cawdor Castle gedacht. Der Name der Gaststätte weckte auch Erinnerungen an die schottische Geschichte. Nur wenige Kilometer westlich der Burg werde ich nun mit dieser hart konfrontiert. Unter meinen Füßen ein altes Schlachtfeld, das von »Culloden«.

Ein Rückblick: Am 25. Juli 1745 erreicht Prince Charles Edward Stuart auf der Fregatte *Du Teillay* aus dem Exil kommend Schottland. Es ist der letzte Versuch eines Stuart, wieder den schottischen Thron zu besteigen. Von einigen Clans unterstützt, zieht der Prinz mit dem angesammelten Heer nach Süden.

Perth, Stirling, Edinburgh, Manchester... Die Städte fallen oder ergeben sich. Nur noch 200 Kilometer sind es bis London, da gibt der Prinz den Befehl zum Rückzug. Die englische Krone reagiert. Wenige Monate später stehen sich auf dem Moorgelände von Culloden die Highlanders und die englischen Truppen unter dem Herzog von Cumberland gegenüber. Es wird die entscheidende Schlacht dieses Krieges.

Die Ausgangslage für das Heer des Prinzen ist denkbar ungünstig. Hätten ihn alle Clans unterstützt, würde er etwa 30.000 Kämpfer befehligen. So aber stehen ihm weniger als 5000 Männer zur Verfügung. Sie sind zudem durch einen Nachtmarsch entkräftet. Auch fehlt es an Verpflegung und wirksamen Waffen. Das offene Gelände ist ein weiterer Nachteil für die Highlanders. Cumberland dagegen verfügt über 8000 ausgeruhte Soldaten, Dragoner und eine effektive Artillerie. So ist in weniger als einer Stunde alles vorbei. Doch das, was nach dem Sieg der Engländer folgt, bewertet später ein Historiker so: »Wahrscheinlich hat keine britische Armee je zuvor oder je nachher eine so schandvolle Tat begangen!« Cumberland läßt die verwundeten Highlanders erschlagen. Alle, die sich retten können, werden verfolgt. Wer ergriffen wird, den ereilt das gleiche Schicksal. Dabei ist es das einfachste, die Häuser, in denen Verwundete Schutz gesucht haben, anzuzünden und diese lebendig zu verbrennen. Das Morden ufert aus.

Auf ihrem Weitermarsch machen die Regierungstruppen Unbeteiligte nieder – Männer, Frauen, selbst Kinder am Straßenrand oder bei der Feldarbeit. Auf dem englischen Thron saß einmal eine Herrscherin mit dem bezeichnenden Beinamen »Die Blutige«. In jenen Apriltagen erwirbt sich ein Repräsentant der Krone einen ähnlichen. Den Herzog von Cumberland nennt man von nun an »The Butcher« (Der Schlächter).

Ich gehe langsam den Pfad entlang, der durch das Gelände führt. Obwohl 250 Jahre zurückliegend, erscheint das Geschehen gar nicht so fern. Die Positionen, wo die einzelnen Clans kämpften, sind durch Steine markiert, die ihre Namen tragen. Es heißt, daß nichts die Gefühle eines Schotten mehr erregt als der Begriff »Culloden«. Und hier vor Ort findet man auch Beweise dafür. Bei den Clan-Steinen liegen ein frischer Strauß Wiesenblumen, ein Ebereschenzweig, etwas Heidekraut. Schotten mögen verzeihen, aber sie vergessen nicht!

Alle Höhe ist wieder vertan. Vor mir das Wasser des Morray Firth. Ich bin auf Null! Nur wenig abseits der Straße liegt »Loch Ness«. Soll es! Schon bin ich daran vorbei. *Meine* Abzweigung führt in die entgegengesetzte Richtung, auf »Black Isle«. Hier riecht die Luft nach Salz und See. Dieses Mal »bellt« ein Leuchtfeuer fast genau vor der Tür des Hauses, in dem ich schlafe. Es sichert die Einfahrt in den Firth.

Am nächsten Morgen radle ich durch touristisches Abseits. Krähen dekorieren Weidenpfähle, Möwen Laternenmasten. Ein Dorf – soeben aufgewacht. Der Grocer steht in der Tür seines Ladens und hält Ausschau nach dem ersten Kunden. Ein Hund auf der Suche nach der richtigen Hausecke. »Nice day!« Der Gruß gilt mir. »Good cycling!« folgt ein zweiter. Vor mir stoppt ein rotes Auto: *Royal Mail*. Der Fahrer winkt einem Mann mit einem Brief aus dem Wagenfenster: »Willy, für dich!« Auf »Black Isle« kennt man sich. Noch ein Meeresarm, dieses Mal der »Cromarty Firth«. Hier gibt es keine Brücke. Ich muß auf die Fähre warten. Diese läßt sich Zeit. Kein Grund zur Eile. Am Anleger wartet nur ein Radler. Das Schiff ist eher ein »Kahn«. Ganze zwei Autos hätten auf ihm Platz. Der Helfer des Fährmanns interessiert sich für mein Rad: »Sieht ziemlich beladen aus! Darf ich mal anheben?« Er scheitert – nicht wegen des Gewichtes, sondern weil er ungünstig steht. Oben am Steuer höre ich ihn dann berichten: »Das Rad von dem dort unten ist so schwer, daß ich es nicht anheben konnte!« Ich geselle mich hinzu und korrigiere ihn: »Nur fünfzehn Kilogramm wiegt das Rad, das Gepäck etwa dreißig.« Einen so komischen Passagier fragt man natürlich etwas aus. Woher? Wohin? Ob ich denn kein Auto besäße …? Als ich, am Nordufer angekommen, wieder von Bord rolle, tönt es hinter mir her: »Am liebsten würde ich meine Frau gegen ein Fahrrad eintauschen – und auch so etwas wie Sie machen!« Es ist die Stimme des Helfers.

Wieder eine Halbinsel, laut Karte wohl namenlos. Dann der Dornoch Firth. Nach so vielen Bergen hatte ich nun Flachland im Überfluß. Möwen, Austernfischer, Kormorane; halb versunkene Felsen, denen die See einen Umhang aus Algen übergeworfen hat. Was für ein Kontrast zur Natur in den Highlands! Dann voraus ein Stück moderner Technik: eine der längsten Brücken Europas. An ihrer Nordverankerung ein Schild: »Möge diese Brücke für alle Zeiten ein Symbol inniger Freundschaft des Distrikts Sutherland mit der Gemeinde Zetel sein.« Wenn damit »Zetel« bei Hamburg gemeint ist, so kenne ich es. Nun würde ich also seine Partnergemeinde durchradeln. Ein zweites Schild: »Richtung Dornoch rechts ab!« Diese Stadt wollte ich nicht auslassen, starb doch hier jene Janet Horn auf dem Scheiterhaufen, die sich beim Beten des Vaterunsers versprochen hatte.

Alt, schön und sauber ist dieses Dornoch! Es herrscht alles andere als Hexenstimmung. Und der Song »I never promised you a rose garden« ist sicher nicht hier entstanden. Rosen vor, neben, hinter den Häusern – Duft und Blütenfülle im Überfluß. Ich drehe eine »Kompliment-Runde« und fahre zurück zur Hauptstraße.

Es bleibt mir keine andere Wahl. Es gibt nur noch einen Weg, der nach Norden führt: die »schnelle« *A 9*. Das Wetter war in den letzten Tagen eher unschottisch gewesen: Sonne pur. Ihre wärmenden Strahlen im Nacken machten das Radeln zum Vergnügen. Heute der Umschwung: Seenebel. Die Einheimischen nennen das graue Naß *Haar*. Für einen Radler bedeutet dies, mit klammen Fingern durch eine Art kalten Sprühregen zu fahren, und das bei Sichtverhältnissen, die einen Scheinwerfer nötig machten. Es gibt Schöneres. Plötzlich ein Anblick wie eine Vision. Für wenige Sekunden wird hoch oben auf einem Berghang der Oberkörper einer Statue sichtbar. Das Standbild muß riesig sein. Noch ehe ich mehr erkennen kann, schließt sich das Nebelloch wieder. Die »Erscheinung« ist vorüber. Als ich an einem der nächsten Häuser drei Männer stehen sehe, kommt mir der Gedanke: »Frag die doch mal.« Offensichtlich geht es um den Verkauf eines Traktors. Ich störe mitten beim Handeln: »Sorry, gentlemen ...!« Was meine Frage nach der Statue dort oben bewirkt, ist ein Stück Schottland, über das Reiseprospekte und erst recht Politiker nicht gerne reden. Der wohl älteste der drei schaut mir eine Weile stumm ins Gesicht; dann blickt er hinter sich, so als wollte er sich vergewissern, daß es keine Lauscher gibt. »Ich bin hier unter Freunden!« beginnt er, »da kann ich offen sprechen. *Der* dort oben wird nicht mehr lange da stehn! Wenn die Alten ihn nicht vom Berg stürzen, dann werden es die Jungen tun!«

Die Szene ist symbolisch. Das Verhalten des Mannes erinnert an die Zeit, als man in Schottland vorsichtig sein mußte. Schon immer waren für Geld Verräter zu haben. Betrat damals ein Besucher ein Haus und waren ihm Unbekannte anwesend, so fragte er den Besitzer: »Ist euer Dach dicht?« Erst wenn ihm bestätigt wurde, daß es »nicht durchregnete«, sprach man offen miteinander. Ich habe schon begriffen, was der Mann mit seiner Antwort andeutete, hake aber noch einmal nach: »Der Duke?« Die Männer nicken. Da thront er also, der erste Herzog von Sutherland, über den der Schriftsteller John Prebble sinngemäß schrieb:

»Er steht mit dem Rücken zu den Highlands,
aus denen er die Menschen vertrieb, und schaut
in die Richtung, in die er sie jagte: an die
Klippen und auf See hinaus in die Emigration.«

Um die profitable Schafzucht auszudehnen, ließ der Duke das Land von Menschen räumen. Wo Drohungen nicht wirkten, griff man zur Gewalt. Feuer legen oder den Highlanders das Dach vom Haus reißen, waren die üblichen Mittel. Man nahm keine Rücksicht auf Alte, Kranke, Kinder und Schwangere. Gab es bei den Räumungsaktionen Tote, wen interessierte das! Die Highlanders hatten keine Fürsprecher. Das Gesetz schwieg. Die Kirche schwieg. Die einzige »Waffe« der Menschen war das Wort. Lieder und Gedichte aus jener Zeit drücken die Hilflosigkeit und den Haß aus, der sie bewegte:

»... hätte ich dich (Duke) auf meinem Grund
und fesselten dich die Männer,
mit meinen Fäusten risse ich dir
drei Inch deiner Lunge heraus ...!«

Die an die Küste Vertriebenen fanden dort nicht etwa die Häuser, in denen sie leben sollten, nicht die Boote, mit denen sie Fischfang hätten betreiben können. Die Häuser waren nicht gebaut, die Netze nicht gewebt. Was ihnen blieb, war ein Leben in Armut –

In Schottland gibt es so manche »Straße der Ruinen«.

auf einem schmalen Streifen unwirtlichem Land. Der Blick auf die See nahm ihre Zukunft voraus: Nur durch die Emigration konnten sie dem Hungertod entkommen.

Während der folgenden Kilometer sollte ich zwei Stätten passieren, deren Kontrast man sich nicht größer vorstellen kann. Die erste *Dunrobin Castle,* das Familienschloß der Herzöge von Sutherland. Zur Zeit der »Hochlandsäuberung« waren sie die größten Landbesitzer Europas. Der Reiseführer vermerkt: »Zwanzig Schloßbewohner, zwanzig Gärtner, einhundert Butler!«

Etwa 40 Kilometer weiter nördlich liegt das Ruinendorf »Badbea«. Hier, hart über den Klippen, lebten von ihrem Land vertriebene Familien. Es ist belegt, daß man Kinder und Vieh anpflocken mußte, damit sie im Sturm nicht in die See stürzten. Wie an vielen anderen ähnlichen Orten gaben diese Menschen schließlich auf. In »Badbea« finde ich ein Monument, errichtet von den Nachkommen der Emigranten. Sie kehrten aus Neuseeland zurück und bauten es aus den Steinen einer der Hausruinen. Welcher Kontrast innerhalb weniger Radlerstunden!

Die Antwort, die ich auf meine Frage: »Was ist das für eine Statue dort oben auf dem Berg?« erhalten hatte, beschäftigte mich noch immer. Ich möchte eine Probe machen und stelle mich dumm. Bei einem Einkauf in einer Grocery wiederhole ich die Frage. Zwei Kundinnen sind anwesend. Der Ladenbesitzer antwortet forsch: »*Den* dort oben mag niemand hier!« Er wendet sich an die beiden Frauen: »Stimmt doch, oder?« Während die eine stumm nickt, meint die andere (mit einer Stimme, die an das Zerreißen eines Blatt Papiers erinnert): »Steht der noch?« Da hatte ich wieder das Schottland, das nicht vergißt! Fast anderthalb Jahrhunderte lagen die großen »Landsäuberungen« nun schon zurück.

Die Dimensionen meiner Reise haben sich verändert. Wenn mich die Leute unten in Galloway fragten: »Wo möchten Sie denn mit dem Rad hin?«, schüttelten sie ungläubig den Kopf, sobald sie die Antwort hörten. »Zur Nordspitze und weiter auf die Orkneys.« Jetzt, wo es nur noch zwei oder drei Tages-Etappen bis »Dunnet Head«, dem nördlichsten Punkt des schottischen Festlands, sind, klingen die Kommentare anders: »Nun, da haben Sie es ja bald geschafft!« Oder: »Das meiste liegt ja schon hinter Ihnen!« Weder das eine noch das andere stimmt. Irgendwie muß ich ja wieder zum Flughafen finden. Und Schottland hat nicht nur eine Ost-, sondern auch eine Westküste mit vielen vorgelagerten Inseln. Die Räder meines Rades werden sich noch unzählige Male drehen müssen. Am Ende würde das Straßenband, das unter ihnen abgerollt ist, fast 4000 Kilometer messen.

Noch immer belästigt mich der *Haar*. Nur in den Nachmittagsstunden gelingt es der Sonne, ihn aufzulösen. Dann wird Schottland wieder schön! Ein Ortsschild verrät, daß ich mich neuen Spuren der Geschichte nähere. »Helmsdale«, das erinnert sprachlich an die Wikinger. Die kleine Stadt liegt an einem Fluß, an dem man einst Lieder wie das das folgende sang:

»I'm off to Kildonan,
my fortune for to try,
I'm off by the first train,
so kind friends, goodbye!
To dig the precious metal
and sell it to ›P.G‹, [10]
Oh, digging gold you know,
what a jolly life for me.«

Nein, ich bin nicht zur Schatzsuche an den River Helmsdale und seine Zuflüsse gekommen! Ich möchte entlang des »Goldflusses« nur etwas herumschnüffeln. Es wird mich schon kein Klondike erwarten, bei den wenigen »gelben Krümeln«, die man hier gefunden hat.

Gelbes Gold, schwarzes Gold und »Silberne Lieblinge«

Schon lange trug der Herzog von Sutherland einen Ring, gefertigt aus einem Nugget, das man im Kies des River Helmsdale gefunden hatte. Doch Goldrauschstimmung kam erst auf, als ein gewisser Robert Gilchrist aus Australien zurückkehrte, wo er auf den Goldfeldern siebzehn Jahre lang sein Glück versucht hatte. Bei der Brücke in Helmsdale beginnend, schaufelte er sich durch den Kies des Flusses. Je weiter er nach Norden vorankam, desto fündiger

Im Kies des River Helmsdale fand man das erste Gold.

wurde er. Am Zufluß eines Baches, des Suisgill Burn, wusch er das meiste Gold aus. Es geschah das, was überall in der Welt passierte, wenn der Ruf »Gold!« ertönte. Schon wenige Monate später kreiste der Kies in fünfhundert Goldwäscherpfannen. Damit hatte Schottland – zwanzig Jahre vor Alaska – sein »Klondike«, allerdings en miniature.

Ich besuche das *Heritage Center* in Helmsdale. Es ist wie ein Gang durch die Geschichte Sutherlands. Clankämpfe, »Säuberungen«, die Zeit der »Drover«. Es müssen harte Männer gewesen sein, die das Vieh von den Bergen herab durch Moorheiden zu den Märkten trieben. Ihr Zuhause war die freie Natur, ihr »Dach« über dem Kopf eine Decke, in die sie sich während der Nacht wickelten. Wie die Tiere, die sie trieben, schliefen sie im Heidekraut. Doch von allen hier ausgestellten Themen interessiert mich eines am meisten: das Gold. Ich staune. Es waren durchaus nicht nur »Krümel«, die man hier fand. Das größte Nugget bedeckt immerhin fast eine Handfläche. Dennis Macleod hieß der glückliche Finder.

Das Herumfragen bringt noch mehr Informationen. Ein Geschäft verkauft Pfannen zum Goldwaschen. »Aus Plastik?« wundere ich mich. »Die treiben doch in der Strömung gleich ab, wenn man sie fallen läßt!« Die Bedienung lächelt: »Stimmt, Sie haben recht. Aber Plastik ist leichter – und ›moderner‹.« »Kommen denn noch welche zum Goldwaschen?« möchte ich wissen. »Ja, manchmal – aber nur im Sommer.« Die Frau zeigt auf eine Karte an der Wand: »Dort!« Ich könnte es auch versuchen, meint sie, bräuchte dafür aber eine Genehmigung vom »Estate«. »Und was sind die Bestimmungen?« »Kein Sprengen! Nur Waschpfannen, Sieb und Schaufel! Es ist oben am Bach ausgehängt.«

Ich besitze bereits die Kopie einer alten Schürflizenz von 1869. Schön, wie sich so etwas liest!

»SUTHERLAND ESTATE, PARISH OF KILDONAN

Gold Miner's License

By His Grace GEORGE GRANVILLE WILLIAM, DUKE & EARL OF Sutherland...«

Ein Pfund pro Monat kostete damals ein Claim, der ganze vierzig Quadratfuß (etwa vier Quadratmeter) groß sein durfte. Ein Zehntel der Ausbeute gebührte dem Herzog. Nicht nur Schafe werfen Profit ab!

Meine vage Hoffnung, vielleicht abends in einem der Lokale eine Gestalt zu treffen, die nach Gold »roch«, erfüllt sich natürlich nicht. *Bannockburn Bar, Bridge Inn, Belgrave Arms* – überall tote Hose. Hier Graupensuppe, da Chips, dort Kartoffelsuppe. Die Keeper kennen ihre Kunden. Schon vor der Bestellung greifen sie zur richtigen Flasche. Mancher der Stammgäste verdünnt sich den Whisky mit einem Schuß Wasser. Ohne hinzuschauen, trifft er die richtige Quantität. So etwas nenne ich »Lebenserfahrung«. Mir fällt auf: Beim Bezahlen gibt es kleine Unterschiede. Die meisten müssen es vorher. Das ist zwar landesüblich, aber da es hier auch ein »Später« gibt, mag das Vorab soviel wie »No credit!« bedeuten. Ein weiterer Gast kommt herein. »Hallo!« »Hi!« »Wie geht es dir?« »Kommst du mit dem Essen zurecht?« Hingeworfene Grüße, Grüße, die keine Antwort erwarten. Ich gehe. Wenn schon keine Goldgräber-Stimmung, dann werde ich in der Unterkunft eben weiter in dem Buch *The Highland Clearances* (Die Hochlandsäuberungen) lesen.

Diese Reise war bisher so voller Zufälle. Da hilft mir vielleicht ein weiterer. Schon möglich, daß ich flußaufwärts, am Suisgill Burn, einen modernen Prospektor antreffe. Keine »Boots« an den Füßen, sondern Adidas-Turnschuhe, keine schwere Tuchhose an den Beinen, sondern Nobel-Marken-Jeans, kein Vollbart im Gesicht, aber wenigstens Stoppel – und natürlich mit einer Goldwaschpfanne aus Plastik.

Schade! Es klappt nicht. Der Bach liegt verlassen da. Keine Spur von »moderner« Goldrauschstimmung. Unter einem Schutzdach ist eine Kopie der Lizenz ausgehängt, wie man sie heute benötigt, wenn man hier sein Glück versuchen will. Ein paar Kilometer weiter nördlich, am »Kildonan Burn«, entdecke ich ein Schild: »Baille an Or«, Ort des Goldes. Hier stand ein Hüttendorf, das die Natur, soweit die Bretter nicht anderweitig Verwendung fanden, längst eingeebnet hat.

Wieder an der Küste bekomme ich noch einmal eine Kostprobe von der Sprache des Mannes auf der Straße. Sie ist nicht die der Diplomaten. Draußen auf See sind Ölplattformen auszumachen. Um das Foto nicht zu verwackeln, muß ich das schwere Tele auflegen. Plötzlich eine Stimme in meinem Nacken: »Erst haben sie uns das Land weggenommen, und jetzt das Geld vom Öl!« Was für eine Begrüßung! So klingt es, wenn Geschichte und Patriotismus zusammenfallen. Erst nach dieser Schelte für England kommt es zu einem »normalen« Gespräch. Der Mann hatte mich beobachtet und war aus einem der Häuser herübergekommen. Er fragt mich ein wenig aus. Als ihm klar wird, daß ich kein üblicher Tourist bin, meint er: »Sie sollten nicht nach John o Groats fahren. Das ist zu ›commercialized‹. Und wenn Sie weiterfahren nach Westen, da führt ein schöner Weg über Canisbay.« Solche Tips merkt man sich.

Hinter mir liegt das gelbe Gold, draußen auf See fließt das schwarze. Wäre Schottland unabhängig, könnte es kassieren. Doch das Rad der Geschichte hatte sich anders gedreht.

Zum Gold war inzwischen das »Silber« gekommen: »Silver Darlings«. Mit den »Silbernen Lieblingen« meinte man die Heringe. Einst füllten Schwärme die Netze, daß diese zu bersten drohten. Seit vielen Jahren bleiben sie aus. Der Grund: Überfischung. Bereits in Helmsdale hatte ich die ersten brüchigen Kutter gesehen. Wo man einst Silver-Darlings anlandete, lag heute Rost. Einer der alten Häfen ist ins Romantische zurückgefallen. Die Steinstufen, die hinunter zur See führen, zähle ich nicht mit. Es sollen fast so viele sein, wie ein Jahr Tage hat. Eine Knochenarbeit, über diese Treppe vollbeladene Fischkörbe an Land zu bringen! Unten angekommen, betrachte ich einen Hafen, den man besser nicht beim Schlafen stören sollte. Ein Malermotiv. Auf dem Rückweg zur Straße spüre ich das Treppensteigen in den Knochen. Dabei ist mein »Fischkorb« doch nur die Kameratasche.

Vom Begriff »Farmhouse B&B« gibt es eine Variante: »Crofthouse B&B«. »Crofters« hießen einst jene Bauern, denen auf Pachtbasis ein Stückchen Land zur Verfügung stand. Es ernährte die Familie. Das System hat sich teilweise bis heute erhalten. Kommt man an ein echtes Crofthouse, so bietet sich einem vielleicht folgender Anblick: Der alte Stall – längst eine Ruine. Schwein oder Kuh stehen jetzt im ehemaligen Scheunenteil. Das frühere Wohnhaus ist inzwischen ein Mehrzweckgebäude, Werkstatt oder Garage. Die letzte »Generation« des Anwesens ist die jetzige Unterkunft des Crofters – oft klein und noch wellblechgedeckt wie die Vorgänger. Das Schild am Straßenrand wirkt wie von Kinderhand gemalt: »Crofthouse B&B«. Unter dem Schriftzug eine Entenfamilie im »Gänsemarsch«. Eigentlich ist es noch zu früh, um nach einer Bleibe Ausschau zu halten, doch eine solche Gelegenheit wiederholt sich vielleicht nicht so schnell. Schon bin ich weg von der Straße, schiebe das Rad bergan.

»Christian!« »Pat!« Zwei Vornamen – mal wieder die Eckpfeiler für eine zwischenmenschliche Brücke. Gemüsesuppe, wie sie wohl mittags übriggeblieben ist, Kartoffeln mit Pelle, das Ei, dem Huhn frisch unter dem Hintern weggezogen. Dazu ein Krug Wasser. Als Tischdekoration ein Strauß Schafgarbe mit Gräsern. Das »Fühlen Sie sich wohl!« hängt hörbar im Raum. Daß Mrs. Macaskill es trotzdem sagt, ist eigentlich überflüssig.

Ich war auf einem »Hof« gelandet, wie er bei uns zu Hause wohl nur noch in Kindererinnerungen existiert. Im Haus Hund und Katze, neben der Haustür die Kaninchen, gegenüber die Schafe, links eine angepflockte Ziege, auf der »Croftweide« dahinter ein paar Kühe. Hier stellt man Fragen – und läßt sich ausfragen, schläft bettversunken und sitzt dann vor einem Frühstück, bei dem alles »selfmade« ist. Jedes Nobelhotel kann mir hier geschenkt bleiben. Leider endet mein Besuch bei den Macaskills mit einem Zwischenfall. Eine Kreuzotter war bei den ersten wärmenden Sonnenstrahlen aus den Ritzen einer Steinmauer gekrochen. Die Schäferhündin Shame hatte sie entdeckt und wollte zuschnappen. Doch die Schlange war schneller. Sie stieß von unten zu und spritzte der Hündin das Gift in die Kehle. Diese schwillt nun unförmig an. Shames Bewegungen werden müde. In großer Panik packt Pat das Tier ins Auto: »Sorry! Ich muß zum Arzt – nach Wick!« Ich radle dem Auto hinterher. »Good luck, Pat! Good luck, Shame!«

Auf der Weiterfahrt beginne ich Häuser zu zählen – bewohnte und Ruinen. Die letzteren sind in der Mehrzahl. Eben habe ich den Ort »Castlehill« passiert. Einkaufen wollte ich, aber das Geschäft war leer. Aufgegeben auch die Tankstelle. Seit den »Highland Clearances« hält das Häusersterben hier wohl noch aus anderen Gründen an. Später stoppe ich bei einem Inn. Vor 150 Jahren kostete

Beim »Alten Schmied«. Es gibt »Fäsch«, Fangfisch.

hier der volle Service, was auch das Beschlagen der Pferde beinhaltete, zwei Pfund und zehn Shilling. So gesehen ist der Preis für das Essen – eineinhalb Jahrhunderte später – geradezu moderat. Es gibt »Fäschsuup« und auch als Hauptgericht »Fäsch«. Man merkt, die Küste ist nicht weit, und schottisches Englisch hat seine Varianten. Am Tresen hält sich ein Mann an seinem Whiskyglas fest. »Wie ist die Straße?« spricht er mich an. Und dann: »Was möchtest du trinken?« Als ich dankend ablehne, meint er: »Ihr armen Autofahrer!« Er beginnt, mir seine Lebensgeschichte zu erzählen. Die Bedienung lächelt mir entschuldigend zu. Ich nicke verständnisvoll. Einsamkeit braucht ein Ventil.

»Steck das Messer lieber weg! Das ist hier gegen das Gesetz!« kommt es jetzt vom Tresen. Der Mann spielt auf mein Finnenmesser an, das ich am Gürtel trage. Ich beruhige ihn: »Das ist zum

Brotschneiden – und zum Schrauben-Anziehen am Fahrrad.« »Ah, kein Autofahrer?« meint er. »Dann trinken wir jetzt einen!« Ich lehne noch einmal ab. »Sorry!« Der Mann versteht. Er spricht weiter in sein Whiskyglas.

Eigentlich wollte ich noch ein wenig auf Silver-Darlings-Spuren radeln, doch irgendwie kommt alles anders. Es beginnt wieder einmal mit einem Schild.

Zu dem Kartenmaterial, welches ich mitführe, gehört ein Blatt, das die Grenzen der alten Clangebiete zeigt. Als ich die von Irland kommende Fähre verließ, rollte mein Rad durch das Land des Clan Kennedy. Es folgten MacDowall, Hoy, Stewart. Inzwischen waren es Dutzende alter Namen, die ich mit meinen Rädern »berührt« hatte. Jetzt passiere ich ein Schild: »Land des Clan Gunn«. Höchst selten kommt es in Schottland vor, daß alte Clangebiete gekennzeichnet sind. Deshalb werde ich aufmerksam. Wenig später biege ich zum *Gunn Heritage-Center* ab. Was wollte ich auf einer solchen Reise mit den üblichen Museen? Der Besuch eines Clan-Erbes ist viel passender.

»Hallo, come in!« Ein freundlicher Empfang für den einzigen Gast: »Sie können sich alles in Ruhe anschauen! Wenn Sie möchten, können Sie auch fotografieren!« meint die Frau. Ich möchte nicht, nur lesen – und schauen.

»Der Clan Gunn stammt von den nordischen Verwaltern oder Grafen der Orkneys und von den alten keltischen Verwaltern von Caithness durch Ragnhild, Tochter von Moddan in Dale, Sohn von Moddan, Verwalter von Caithness, welcher 1040 getötet wurde, und Enkelin von Sankt Rognvald, Graf auf den Orkneys, welcher Gunni heiratete …« Mir geht beim Lesen die Luft aus. Aber so beginnt schottische Clangeschichte!

Unvermeidbar werde ich auch wieder mit der Geschichte

Sutherlands konfrontiert, und die Anklage des Schriftstellers Neil M. Gunn, die ich hier lese, wiegt schwer: »Vertreibung bedeutet das Herausreißen des Lebens mit den Wurzeln und es an einen fremden Strand zu werfen, wo alles, was das Leben glücklich macht und was man sich wünscht, für alle Zeiten unmöglich ist!

... wir tadeln sie nicht, weil sie den Körper töteten, sondern weil sie die Seele mordeten!«

Solche Worte tun ihre Wirkung, wenn man das entvölkerte Land und Ruinen wie die von Badbea gesehen hat. Ich lerne in diesem Heritage Center so manches hinzu. Über die Mär, daß Columbus Amerika entdeckt haben soll, kann ein Mitglied vom Clan Gunn nur lächeln. Schon hundert Jahre früher habe der Graf von Orkney nach dem Land jenseits des Atlantik gesucht, von dem in isländischen Sagas die Rede war. Er erreichte mit seinen Männern das heutige Neufundland, den Fluß Merrimac nördlich Boston, folgte seinem Lauf und schlug nahe des jetzigen Westford (in Massachusetts) sein Lager auf. Ein dort gefundener Grabstein zeigt einen Mann mit Bewaffnung, wie sie damals bei Clan-Kriegern üblich war. Und weil ich wegen dieser – doch weitestgehend unbekannten Expedition – die Frau, die mich begrüßt hatte, anspreche, schenkt sie mir als »Dankeschön für mein besonderes Interesse« ein kleines Büchlein. Es dürfte einmal Sammlerwert bekommen, denn es handelt sich um die Erstausgabe des *Gunn Herald,* des internationalen Journals für die Mitglieder des Clans. Mein Besuch hatte sich doppelt gelohnt.

Nun aber weiter nach Wick – zu dem rostigen Rest aus der Silver-Darling-Zeit. Einst größter Heringshafen der Welt, wies Wick sicher so manches Stück Fischfang-Nostalgie auf. Doch der Zufall spielt wieder einmal eine ganz andere Karte aus.

Mary-Anne Calder

Ich kann nicht mehr sagen, weshalb ich mich entschloß, erst die Burgruine jenseits der Stadt zu besuchen. So durchradle ich Wick. Der Hafen soll später drankommen. Doch nun stecke ich irgendwo zwischen Wiesen. Es geht nicht weiter! Zu *Sinclair Castle* führt offensichtlich kein Weg. Da hilft nur querbeet. Ich schätze das Gelände ab. Auf der Weide vor mir etwa fünfzig Kühe. Die meisten liegen wiederkäuend im Gras. Ein Sprung über den Zaun; das Rad bleibt zurück.

Die Szene werde ich nicht vergessen! Die Kühe sind friedlich; sie bleiben es auch. Aber eines der Tiere scheint durch den Fremden etwas beunruhigt und steht auf. Doch was sich da zu bewegen beginnt, ist kein normales Rind, sondern ein Fleischberg – schwarz und mächtig, ein einziges Stück Kraft. Ich bleibe wie versteinert stehen. Hier siebzig Kilogramm Mensch, dort tausend Kilogramm Bulle! Er fixiert mich, ich ihn. Tierforscher wollen herausgefunden haben, daß Bullen oder Stiere gar nicht auf Rot reagieren, sondern nur auf Bewegung, besonders auf lebhafte. Insofern könnte ein Torero auch eine schwarze Muletta schwenken. Der Bulle rührt sich nicht. Den Kopf leicht gesenkt, hat er mich im Visier. »Ich will doch gar nicht in deinen Harem einbrechen!« Wenn das Biest mich nur verstehen würde! Wie bei der Konfrontation mit einem Grizzly beginne ich, langsam rückwärts gehend, Distanz zu gewinnen. Hoffentlich stolpere ich dabei nicht über eine der liegenden Kühe. Die ganze Herde in Aufregung, das fehlte mir noch. Drei Meter, fünf Meter ..., zwanzig Meter.

Noch immer ist der schwarze Muskelberg drohend groß. Erst als ich mich eine Steinwurfweite von ihm entfernt habe, erscheint er mir etwas kleiner. Rückzug bis zum Zaun. Jetzt wirkt der Bulle fast wieder wie die Kuh, für die ich ihn hielt, als er im Gras lag. Zu *Sinclair Castle* wollte ich, und wo war ich gelandet? So von der Richtung abgedrängt, stehe ich am Rand eines Gerstenfeldes. Was ich in diesem Moment noch nicht weiß: Die Szene war beobachtet worden. Als ich den Acker umrundet habe und nun doch vor der Burgruine stehe, sehe ich den Bauern. Er schlägt offensichtlich Weidenpfähle ein. Seine Begrüßung bringt mir die Schreckensminuten von eben noch einmal ganz nahe: »So etwas sollte man nicht tun!« Ich weiß. An manchen Weidenzäunen hängen Schilder: »Danger! Bull!« »Es war ein Versehen«, entschuldige ich mich, »er lag zwischen den Kühen im Gras.« »Sie kommen sicher wegen der Ruine?« meint der Mann. »Gehen Sie aber nicht hinein, es ist zu gefährlich. Wenn man nichts dagegen tut, wird sie bald ganz in die See abstürzen.« »Abstürzen«, das ist bei *Sinclair Castle* der richtige Ausdruck. Die alte Clanburg steht so exponiert auf einer Klippenkante, daß ihre einstigen Bewohner schon für einen Blick aus dem Fenster schwindelfrei sein mußten.

Ich bin von der Ruine wieder zurück. Der Bauer scheint meine Gedanken zu erraten. »Eigentlich paßt dieser Zaun nicht vor solch eine Burg«, meint er, »aber für eine ›Dry-stone-wall‹ fehlt mir das Geld. Der laufende Meter kostet zweiundzwanzig Pfund. Außerdem ist es schwierig, hier die Steine dafür zu bekommen. Deshalb *das* hier!« Er zeigt auf die angespitzten Holzpfähle und die Rolle Stacheldraht zu seinen Füßen. Meine Bekleidung muß den Mann stutzig gemacht haben. So läuft kein autofahrender Tourist herum,

Wer hier einst wohnte, mußte schwindelfrei sein.
Die Ruine von *Sinclair Castle*.

auch keiner, der auf einem Motorrad sitzt. Ich bestätige ihm seine Vermutung: »Push bike!« Ob ich von »John o Groats« käme, oder dort hin möchte? Ach Gott! John o Groats! »Nichts für Sie!« hatte man mir gesagt. »Commercialized«, meinte der Schotte, der mich warnte. So antworte ich: »Weder noch! Ich werde mir die Klippen bei ›Duncansby Head‹ ansehen und dann weiterfahren nach Westen – zu einem alten Cottage. Es soll einer gewissen Mary-Anne Calder gehören.«

Ein Stichwort war gefallen! »Mary-Anne Calder.« Völlig unabsichtlich hatte ich den Namen erwähnt. Die Antwort, die ich nun erhalte, ändert meinen Plan total. »Mary-Anne?« meint der Bauer. »Die ist doch im Altersheim in Wick. Aber vielleicht ist sie auch schon tot.«

Ich hatte auf meinen Reisen schon viele fremde Menschen angesprochen und an vielen Türen geklingelt. Doch in ein Altersheim zu gehen, dafür brauchte man wohl noch ein Quentchen mehr Mut. Trotzdem nehme ich mir den Besuch jetzt vor.

Wieder in der Stadt Wick. Dreimal fragen, und ich stehe vor einem großen Gebäudekomplex, dem *Sea View Nursery Home.* Noch einmal tief Luft holen, dann eintreten. Die Frau in der Rezeption reagiert erstaunt: »Sie sind auf dem Weg zu Mary-Annes Cottage? Wie haben Sie erfahren, daß Mary-Anne bei uns ist? Natürlich lebt sie!« Ich erwähne das Gespräch mit dem Bauern. »Welch ein Zufall!« meint sie. »Mary-Anne wird sich freuen – jemand, der ihr Cottage sehen möchte. Kommen Sie!« Als ich ihr durch den langen Gang folge, habe ich das Gefühl, daß meine Schritte immer kleiner werden. Was ich da tue, ist wirklich mutig. Die Frau öffnet eine Tür, winkt mich herein. Das Weiß des Raumes blendet. Die blasse Gestalt, die im Bett liegt, ist dabei fast zu übersehen. »Mary-Anne, du hast Besuch!« Meine Begleitung sagt das so laut, als müßte sie die alte Frau aus dem Schlaf holen. Zwei Hände schlagen auf die Zudecke, rhythmisch: »Besuch? Wer ist es?« »Es ist Christian!« werde ich vorgestellt. Man gibt mir ein Zeichen: »Ich lasse Sie mit ihr allein.« Hinter mir wird leise die Tür geschlossen. Ich ergreife die Hand der alten Frau: »Guten Tag, Mary-Anne! Ich bin auf dem Weg zu Ihrem Cottage.« Die alte Frau scheint meine Worte zu überhören: »Christian?« Sie schaut mich an – oder besser, durch mich hindurch. In Gedanken blättert sie wohl ihr Leben zurück – ein langes Leben. Schließlich antwortet sie in den Raum hinein: »Christian? Hab ich nie in meinem Leben getroffen!« Es klingt fast etwas lustig, dieses »I have never met in my life!« Ihre zweite Hand greift nach meinem Arm, umschließt das Handgelenk: »Und Sie möchten mein Cottage besuchen? Das ist nett, das ist sehr nett von Ihnen.« Der Griff der alten Frau ist erstaunlich fest, fast ein Klammergriff; und so »festgehalten« führe ich eines jener Gespräche, zu denen das Leben höchst selten Gelegenheit bietet. Einmal frage ich: »Mary-Anne, wie alt sind Sie eigentlich?« Wieder dieses lange Nachdenken. Dann die Antwort: »Ich glaube, ich bin neunundneunzig!«

Es ist nicht leicht, mich von der alten Frau zu trennen. Die Hand, die mein Gelenk umfaßt, hält es, als wäre ich das Leben. Mit einer sanften Drehbewegung löse ich mich. Mary-Anne wiederholt zum Abschied, was schon eben so höflich bescheiden klang: »Es ist sehr nett von Ihnen, daß Sie mein Cottage besuchen werden!« Solche Bescheidenheit würde eher mir geziemen, wo ich vor fast einhundert Jahren Schottland stehe.

Wieder in der Rezeption, werde ich mit einem Kompliment empfangen: »Das war ein schöner Tag für Mary-Anne. Haben Sie ihre Freude gesehen?« Ich habe! Und ich habe sie auch gespürt –

an ihrem Griff. Als ich nachfrage: »Mary-Anne sagte, sie sei neunundneunzig Jahre, stimmt das?« tippt die Frau den Namen in den Computer. Ein Knopfdruck. Auf dem Bildschirm erscheint: »Mary-Anne Calder, date of birth: 11/09/1897.«

Was wollte ich nach solch einem Erlebnis in einem Hafen? Was wollte ich jetzt bei rostigen Schiffen und altem Fangzeug? Ich werde zu »Duncansby Head« hinausfahren und über den Klippen mein Zelt aufbauen. Dort hätte ich die Stille, die ich brauchte zum Nachdenken – über Schottland, über die Begegnung mit Mary-Anne. »I never met him in my life!« Sie könnte es nun nicht mehr sagen.

Es waren schöne Stunden über den Klippen. Statt Menschen Seevögel, statt Motorgeräuschen die der Wellen. Draußen auf dem Meer war ein Leuchtturm auszumachen, der von »Muckle Skerry«. Dort blinkte die erste Orkney-Insel. Mir schien es wie ein Lockruf. In wenigen Tagen würde ich übersetzen. Ich müßte ein neues Tagebuch beginnen, denn das erste war bereits voll. Dieses Land war im Sinne des Wortes »buchfüllend«. Ich radle durch »John o Groats«, als trüge ich die Scheuklappen eines Pferdes. Nein, Papageientaucher aus Plastik werde ich nicht kaufen, auch keinen Miniatur-Dudelsack, auch nicht das Ungeheuer von Loch Ness! Als ich den Ort hinter mir habe, halte ich. Da war doch etwas! Ich hole das Tagebuch hervor und beginne darin zu blättern. Nach kurzem Suchen finde ich die Notiz: »Canisbay – abbiegen!« Schon wenige Minuten später schwenke ich auf die kleine Nebenstraße – und damit in ein Stück Abseits.

Heidekraut, Wollgras, die Stille einer Moorlandschaft. Radeln mit Naturgenuß. Der Milchmann überholt mich und hält wenige

Über den Klippen von »Duncansby Head«

Meter vor mir. Dort mündet der Weg zu einem Gehöft, das weitab liegt. Der Mann biegt mit den Händen das Gras am Wegrand auseinander und formt daraus ein »Nest«. Hinein legt er ein halbes Dutzend Milchtüten; dann tarnt er sie mit dem Gras, wie es Vögel mit ihrem Gelege tun. Ich spreche den Mann an: »So etwas gab es bei uns auch einmal. Allerdings kam die Milch in Flaschen.« Das »Bei uns« muß ich ihm erklären. »Ah, Germany!« meint er. »Ich habe bis vor kurzem die Milch auch in ›bottles‹ geliefert, aber jetzt gibt es diese ›modern packs‹. Die Krähen haben schnell gelernt, deshalb muß ich sie verstecken.« Er zeigt auf die getarnten Tüten. Im Weiterfahren hupt er einen Gruß. Wo wird der Milchmann das nächste »Nest« bauen?

Canisbay, Barrock, Ham. Noch immer radle ich auf Abwegen. Jetzt hilft nur noch fragen: »Wo finde ich ›Mary-Annes Cottage‹?« spreche ich eine Frau an. Sie erklärt mir den Weg in einem Englisch, das Deutungen zuläßt. Am Ende klappt es doch. Ich bin am Ziel – einem von vielen.

Ich stehe vor einem alten Crofthouse. Doch man sieht: Der Verfall wurde gestoppt. Das rote Wellblechdach hat ein älteres ersetzt. Der weiße Kalkanstrich der Wände mag ein Dutzend frühere überdecken. Vor der Tür liegt Zaumzeug im Gras. Offensichtlich war das Leder feucht geworden. Es soll trocknen. Das Geräusch des einschnappenden Radständers hat mich verraten. In der Tür erscheint ein älteres Paar. Die Frau spricht mich an: »Sie möchten sicher das Cottage anschauen? Wir verwalten es.« Nach einigen Minuten Gespräch sage ich etwas, was die Situation schlagartig verändert: »Ich habe mit *ihr* gesprochen!« Diese fünf Worte sind wie ein Schlüssel, mit dem sich mir nun das alte Crofthouse »erschließt«.

Meine Gesprächspartnerin ist Maureen Clarkson. Sie kann es nicht fassen, daß ein »Tourist« Mary-Anne besucht hat. Erst als ich »im Sea View Nursery Home« sage, glaubt sie mir wirklich. Ich habe mein zweites Tagebuch parat, denn wie es aussieht, gibt es jetzt viel zu schreiben. Eine lange Geschichte wartet auf mich.

Jeder kennt hier Mary-Anne! Geboren noch im letzten Jahrhundert, hat sie vier Generationen erlebt, manche überlebt. Als sie fünfundfünfzig war, machte sie die Bekanntschaft mit elektrischem Licht. Aus der mehrflammigen Lampe, die man ihr schenkte, drehte sie – bis auf eine – sofort alle Birnen heraus. Was wollte sie mit so viel Helligkeit? Das war doch Verschwendung! Mit fünfundsechzig konnte sie zum ersten Mal einen Wasserhahn

Das Cottage von Mary-Anne Calder

in ihrem Haus aufdrehen. Bis dahin hatte sie sich Wasser von einer Quelle geholt. Bereits hoch in den Achtzig fuhr sie noch immer mit ihrem Fahrrad von Dorf zu Dorf, um Butter, Crowdie[11] und Eier zu verkaufen. Als Mary-Anne »richtig« alt wurde, veranlaßte ihr Sohn (damals bereits selbst siebzig) die Installation eines Telefons. »Mutter«, soll er gesagt haben, »das ist dafür, wenn du mal Hilfe brauchst, oder einen Arzt.« Dem Telefon erging es noch schlimmer als der mehrflammigen Lampe. Mary-Anne schob es in eine Ecke des Zimmers und deckte es mit der Teekannenhaube zu. Ihr Kommentar: »Was will ich mit einem Telefon? Ich habe doch Nachbarn!« Ihren Mann, James Swanson Calder, hatte sie bereits um Jahre überlebt, aber dann holte die Zeit auch sie ein. Mary-Ann wurde gebrechlich. Da das Geld für einen Platz im Altersheim fehlte, sollte ihr Haus verkauft werden. So stand es in der Zeitung. Doch Zeitungen sind Zeitgeschichte. Ein Exemplar aller Ausgaben wandert in ein Archiv in London. Irgendwem muß die Notiz vom anstehenden Verkauf des Hauses – unter den Umständen – aufgefallen sein. Ein Zufall ergänzte den anderen. Dieser »Jemand« hatte einen heißen Draht zur Königin-Mutter und trug ihr den Fall vor. Der Rest war »Royal Order«. Mary-Anne erhielt einen Platz im Altersheim. Die alte Queen Mum persönlich übernahm die Patenschaft. Das Crofthouse wurde nicht verkauft, es sollte der Nachwelt – so wie es war – erhalten bleiben: als ein Stück altes Schottland.

Königliche Würde braucht Raum. Maureen Clarkson zeigt mir das Gästebuch. Queen Mums Signatur geht diagonal über die ganze Seite. »Als sie zu Besuch kam, um sich das Cottage anzusehen«, erzählt Maureen weiter, »trug ihre Hoheit einen Hut, wie ihn niemand kannte, und weil sie Federn mag, schmückte sie ihn mit Möwenfedern vom Strand. Als sie während des Spazierganges einem kleinen Mädchen einen Bonbon schenkte, lief dieses nach Hause und berichtete: ›Den habe ich von einer *ganz alten* Frau bekommen!‹ Die Mutter wurde unruhig, denn das Kind hatte die Frau vorher noch nie gesehen. Dabei kennt hier doch jeder jeden! Einige Tage später war Queen Mum im Fernsehen zu sehen; da soll das Mädchen aufgesprungen sein und gerufen haben: ›Das ist die alte Frau, die mir den Bonbon schenkte!‹ Auch Prince Charles war hier …« »Liebe Maureen«, denke ich, »wenn du weiter so erzählst, werde ich ein Schottland-Reisebuch in zwei Bänden schreiben müssen.«

Während wir in das Cottage gehen, erfahre ich so ganz nebenbei, daß das Zaumzeug, welches draußen vor der Tür trocknet, das von Tom und Dolly ist, den letzten Pferden der Calders. Drinnen erlebe ich dann eine Führung ganz besonderer Art.

»... Der Stuhl, auf dem Mary-Anne bis zum letzten Tag saß! Den Flickenteppich davor hat sie selbst geknüpft! Das Bett, in dem sie geboren wurde und in dem sie fast hundert Jahre schlief! Die Hosen ihres Mannes! Was macht man mit Hosen, die an den Beinen schon so oft geflickt wurden, daß weitere Stoffstücke nicht mehr halten? Man schneidet die Beine ab und näht sie – um 180 Grad gedreht – wieder an. Wofür sind all die Zwirnspulen gut, die man in einem langen Leben leergenäht hat? Man sammelt sie – bis man hundert oder mehr zusammen hat; dann baut man daraus vier gleichhohe Türmchen und schiebt durch ihr Loch in der Mitte einen kräftigen Draht. In passenden Abständen kommt ein Brett dazwischen. So enstand Mary-Annes ›Sideboard‹! Weil es wakkelte, mußte sie es an der Wand festbinden. Streichhölzer gab es in dem Haushalt nicht! Die konnten in dem Cottage nur feucht werden. Das Torffeuer brannte immer! Abends wurde die Glut mit Asche zugedeckt und morgens wieder davon befreit. Weil Streichhölzer fehlten, stand ein Becher mit Papierstreifen auf der Ablage über dem Feuer. Damit zündete sich James, Mary-Annes Mann, die Pfeife an. Der Teekessel ...« Maureen Clarkson kommt richtig in Fahrt. Das Bisherige war nur die »Einleitung«!

»Was glauben Sie, was wir hier alles gefunden haben, als wir aufräumten? Mary-Annes Lebensspruch war: ›Was du nicht kennst, vermißt du nicht!‹ So ein Mensch kann natürlich nichts wegwerfen. Was wir alles entdeckten – hinter dem Schrank, zwischen den Dachbalken!« Neben vielen Gegenständen zeigt sie mir eine Lockenbrennschere, ein Modell, das, wie sie sagt, noch von Mary-Annes Großmutter stammen müsse. Ich bekomme auch zwei »Schätze« zu sehen, über deren Auffinden sich Maureen Clarkson besonders freut. Es hat sich herumgesprochen, daß Mary-Annes Cottage unangetastet erhalten bleiben soll. So geben die Leute Gegenstände zurück, die aus dem Haus stammen. »Erst vor wenigen Tagen kam von den Orkney-Inseln eine Wolldecke, ein Hochzeitsgeschenk von 1920«, freut sich Maureen Clarkson. »Sie wurde aus der Wolle von Mary-Annes Schafen gewebt.« Stolz zeigt sie mir das gute Stück. Dann greift sie in den Kleiderschrank. Nach kurzem Suchen fördert ihre Hand einen seltsamen Gegenstand ans Licht. »Was ist das?« fragt sie mich. Ich antworte prompt: »Ein Lappen mit Löchern!« Sie schüttelt den Kopf: »Können Sie sich vorstellen, daß Queen Mum erkannt hat, was das ist? Sie sagte sofort: ›Das ist ein Stück von einem Strumpf!‹ Und was hatte Mary-Anne darin eingewickelt? Ihren ›Secret stone‹! Wir wußten, daß sie einen solchen Stein besitzt!« Mit diesen Worten legt mir Maureen etwas Schwarzes in die Hand. Es ist ein kleiner Obsidian, in der Form, wie sie in der Natur vorkommt. »Wir wissen noch nicht, woher sie ihn hatte und was er ihr bedeutete, aber wir sind sehr glücklich, daß wir ihn gefunden haben«, meint sie.

Für alles, was mir Maureen Clarkson bisher erklärt hat, brauchte ich keine drei Schritte weiterzugehen. Dabei besteht das Crofthouse aus Hauptgebäude und vier Anbauten. Jetzt kommen wir zu Mary-Annes Haushaltsbüchern. Jedes Hühnerei ist darin notiert. Schottland in *drei* Bänden – oder in *vier*?

Ich will es kurz machen. Am Ende stehe ich vor Mary-Annes Fahrrad. Solides Eisen, in der Farbe, die um die Jahrhundertwende »in« war: schwarz. Ich hebe es an. Es ist wohl doppelt so schwer wie das meine. Damit fuhr sie – zu einer Zeit, als es in Schottland noch keine befestigten Straßen gab. So manches, was sich heute »Tourenbiken« nennt, könnte sich davon eine Scheibe abschneiden.

Selten war ich so randvoll von Eindrücken. Durch Zufall hatte ich den »Schlüssel« zu einem Erlebnis gefunden. Ein herzliches Dankeschön an Maureen Clarkson, und wenn ich könnte, würde ich es auch dem Bauern sagen, den ich bei Sinclair Castle traf. »Mary-Anne? Die ist doch im Altersheim – in Wick.« Das waren seine Worte. Damit hatte sie begonnen, die Geschichte von Mary-Anne Calder.

Von dem Cottage fahre ich hinauf zu »Dunnet Head«. Hier endet Schottland. Hier endet das Festland von Großbritannien. In der Ferne eine dunkle Kulisse, die Orkney-Inseln. Das lockende Blinken des Leuchtfeuers »Muckle Skerry« wirkt freundlicher als dieses Felsengrau. Wenig später rolle ich mit meinem Fahrrad auf die Fähre. Kulissen, so düster sie auch wirken mögen, verbergen oft Überraschungen.

Zurück in die Steinzeit

Es ist kein Abschied von Schottland – nur ein Ausflug zu einer Inselgruppe, die nördlich seiner Küste liegt. Kein Grund also, an der Reling des Schiffes zu stehen und sehnsüchtig zurückzublicken wie ein Emigrant. Schon in wenigen Tagen wird mich das Festland wiederhaben.

Die Orkney-Inseln empfangen ihren Besucher mit mächtigen Klippen. Senkrecht steigen sie aus der See empor. Die *St. Olga* hält respektvoll Abstand. Es ist ein großes Schiff, an Stürme und Wellen gewöhnt.

Die Szenerie wechselt. Die nächste Insel scheint untergetaucht; sie zeigt nur ihren grasbewachsenen Rücken. Ein weiter Bogen, dann zeigt der Bug der Fähre auf eine Häuseransammlung: »Stromness«. Willkommen auf den Orkneys. Inselgefühl!

Der Ort hat Atmosphäre. Keine Hektik, kein Lärm. Man kann Trockenfisch kaufen und frisch gefangenen. Schaffleisch und Wolle. Ein kleiner Kniefall vor den Touristen sind die Souvenirs, die man anbietet. Die alte Straße, die durch Stromness winkelt, ist mit schweren Steinplatten gepflastert; es wirkt, als setze sich das solide Mauerwerk der Häuser in der Waagerechten fort. Ich drehe eine neugierige Runde, dann gehe ich auf Kurs.

Bisher war ich wettermäßig glimpflich davongekommen. Das Wassertreten am River Spey ist längst vergessen. Doch nun mußte ich wohl stets Gummistiefel und Südwester parat haben. Nicht umsonst sind die Orkney-Inseln so grün. Keines der Eilande ist größer als eine richtige Regenwolke. Man kann sie mit Wasser »überschütten«.

Grauer Himmel, graue See! Wer dieses typische Orkney-Wetter erlebt, der fragt sich, warum die Wikinger nicht sofort kehrtmachten, als sie die Inseln entdeckten und die Bedingungen sahen. Wissenschaftler haben eine Erklärung dafür: Vor tausend Jahren war das Klima besser. Aus der gleichen Zeit stammt auch der Name »Grünes Land« für jene heute vereiste Insel zwischen Island und Amerika. So mögen die Gelehrten wohl recht haben. Ich muß mich allerdings mit der Lebenserfahrung des Schotten bei Dufftown trösten: »Der Regen wird schon aufhören!«

Die Orkney-Inseln empfangen den Besucher mit einer mächtigen Klippenfront.

Bereits in Kirkwall? Auf Distanz sieht die Inselhauptstadt wie eine Festungsanlage aus, so grau wirkt sie. Es mag daran liegen, daß den Wolken vorübergehend der Regen ausgegangen ist. Granit glänzt nur, wenn er naß ist! Das ansonsten sicher ruhig-schläfrige Städtchen erlebt heute einen aufregenden Tag. Alles ist auf den Beinen. »Oldtimer-Treffen« in Kirkwall! Vor der Kirche, wo früher ein Trommler mit Paukenschlägen das Verlesen der Proklamation ankündigte, hustet heute eine *Old Camel*. Immer wenn das eiserne Ungetüm genug Druck im Bauch angesammelt hat, löst sich aus dem Auspuff ein schußartiger Knall und die Schwungscheibe legt eine Umdrehung zu. Neben dem »alten Kamel« keucht eine *Campbell Oil Engine*. Modell 1904. In der Hauptstraße wetteifern Traktoren-Veteranen ums lauteste Lärmmachen. Ein echtes Happening stört die Inselruhe.

Ich habe ein Päckchen Literatur nach Hause geschickt, Gesammeltes, Durchgelesenes, aber schon wieder Nachschub erworben: *Prehistoric Orkney, Maes Howe, Skara Brae*. Die Inseln sind wie ein Freilichtmuseum. Überall findet man vieltausendjährige Geschichte. Wo anfangen? Ich entschließe mich für einen großen Vollkreis auf »Mainland«.

Als Archäologe würde man auf den Orkney-Inseln nie brotlos. Die Funde reißen nicht ab. Hier legt die Erosion etwas frei, dort ein Bagger beim Straßenbau. Soeben komme ich aus dem »Erdhaus« von Rennibister. Ein Bauer war mit seinem Traktor im Boden eingebrochen. Das Gefährt steckte mit den Rädern in einem unterirdischen Wohnhaus – vielleicht 3000 Jahre alt. Nun bin ich auf dem Weg zu den »Stehenden Steinen«. Doch das Wetter bestraft mich schon wieder. Da kein Unterkunftsschild auszumachen ist, frage ich an einer Haustür: »Wissen Sie zufällig …?« Anscheinend sind die beiden Frauen, die mir öffnen, Mutter und Tochter.

Doch habe ich mich getäuscht. Die junge Frau antwortet: »Sie können gleich mitkommen!« Als ich auf mein Fahrrad zeige, meint sie: »Gut, ich werde ganz langsam vorfahren, dann können Sie mir folgen!« Nach einigen Kilometern Schrittempo hält der Wagen vor einem großen Haus. Schon aus einiger Entfernung hatte ich bemerkt, daß – trotz des Regens – die Haustür weit geöffnet war. Die folgende Minute ist eine Tagebuchnotiz wert. »Hier wohnte vor langer Zeit ein Priester«, meint die Fahrerin. »Deshalb nennen wir es noch immer ›das Haus des Priesters‹. Hier denkt man nicht so schnell um! Machen Sie es sich bequem. Dort steht die Teekanne, der Boiler für heißes Wasser, Zucker, Kekse. Sorry, ich muß noch einmal fort – zu meinen Tieren. Aber bitte lassen Sie die Haustür auf, damit jeder, der unten auf der Straße vorbeifährt, sieht, daß er willkommen ist!« Mit diesen Worten wendet sie und fährt die Strecke, die wir gekommen waren, wieder zurück.

Nur ein paar Sätze hatten wir miteinander geredet. Für die Frau bin ich ein Fremder. Trotzdem überläßt sie mir das ganze Haus. Dann der Hinweis auf die weitgeöffnete Tür! »... everyone can see that he is welcome!« Eine solche Szene daheim? Unvorstellbar! In diesem Augenblick kommt mir mein eigenes Land moralisch eher »kaputt« vor.

Später erfahre ich, daß zu den Tieren, um die sie sich kümmern mußte, ihr Lieblingspferd gehört, »Mark«. Es hält – zumindest auf den Orkney-Inseln – den Altersrekord. Gerade war es vierunddreißig geworden. Seit zehn Jahren braucht es nicht mehr zu arbeiten und auch keinen Reiter zu tragen. Es wird durchgefüttert, bekommt das »Gnadenbrot«. Eine schöne Geste gegenüber einer Kreatur, die »nutzlos« geworden ist.

Fast ist es schon ein Ritual: Fragen stellen, Fragen beantworten. Eine wetterbezogene kann ich mir dabei nicht verkneifen. Draußen wirft jetzt der Wind den Regen gegen die Fenster, als würden diese mit Schläuchen abgespritzt. Ich frage: »Kirstin« (so heißt meine Gastgeberin), »man muß sicher dazu geboren sein, um hier leben zu können?« Ihre Antwort ist ein Bekenntnis: »Ich war einmal unten in Glasgow, nur für einen Tag – und ich bekam Heimweh!«

Unsere Plauderstunde endet, wie sie begann: mit einer Frage. »Wie wäre es morgen früh mit einem traditionellen Orkney-Frühstück? Das englische kennst du doch sicher schon zur Genüge«, meint Kirstin. »Laß dich mal überraschen!«

Ein »traditional Orkney-breakfast«, nun weiß ich es, besteht aus zwei Heringen – frisch aus dem Rauch. Wie so ein heißer, goldbrauner »Silver-darling« schmeckt, dafür müßte die richtige Vokabel noch gefunden werden. Ich bin begeistert.

Immer das gleiche: Wenn man Brücken zu Menschen baut, dann liegt in jedem Abschied ein Tropfen Wehmut. So ist es auch hier. Aber von Kirstin kann ich mich »nordisch« verabschieden, mit »Farvel!« Die Orkney-Inseln sind altes Wikingerland. Noch häufig genug werde ich hier ihren Spuren begegnen.

Kirstin hatte mir davon erzählt, wie ihr Vater als Kind in den unterirdischen Gängen des Steinzeitdorfes »Skara Brae« herumgekrochen war. Sie sollen bis heute noch nicht ganz erforscht sein. An ihren Schilderungen mag es liegen, daß ich nun etwas umplane und mir die »Stehenden Steine« für später aufhebe.

Heute habe ich nur noch den Wind als Gegner. Doch das reicht! Jeden Straßenmeter muß ich ihm förmlich stehlen. Endlich die »Skara Brae«! Für die Wissenschaft war es eine Sternstunde, als ein Orkan die See vor »Mainland« peitschte, Dünen abbrach und die Grasnarbe aufriß. Was die Naturgewalten an jenem Wintertag freilegten, entpuppte sich später als ein komplettes steinzeitliches Dorf. Schon vor dem Bau der ägyptischen Pyramiden war es bewohnt gewesen, und nirgendwo im nördlichen Europa gab es bisher Vergleichbares. Schränke aus Stein, Kastenbetten aus Stein, Lebensmittelbehälter aus Stein, Spielwürfel aus Stein, steinernes Werkzeug... Unter der schützenden Schicht des Dünensandes hatten die Zeugen einer fünftausend Jahre alten Kultur überlebt. Man muß kein Fan von Ausgrabungsstätten sein, um hier in »Skara Brae« so etwas wie Begeisterung zu spüren. Steinzeit zum Anfassen, »vor Ort«, ist etwas anderes, als sie »numeriert« in irgendeinem Museum erleben. Beeindruckt fahre ich weiter – auf meinem Weg »zurück in die Steinzeit«.

Sie stehen einzeln, paarweise, oder als »Ring«. Der größte von ihnen mißt fast sechs Meter. Alles, was man bisher über sie weiß, ist eher Mutmaßung. Wie die Steinzeitmenschen diese tonnenschweren Monolithen transportierten, sie aufrichteten, warum sie dabei häufig die Kreisform wählten, weshalb sich beim Vermessen solcher Anlagen immer wieder der gleiche mathematische Grundwert findet, der sogenannte »megalithische Yard« (89,2 cm) – man weiß es nicht. Im letzten Tageslicht wirken solche »Stehenden Steine« am eindrucksvollsten. Dann wachsen sie förmlich aus dem Boden empor und beginnen die Landschaft ringsum zu überragen. Man kann sich dann die Kulthandlungen, die im Zentrum eines solchen Kreises einmal abgehalten worden sein mögen, plastisch vorstellen. Man fühlt sich selbst gefangen von der Ausstrahlung solcher Stätten.

Nach dem Besuch des »Ring of Brogar«, der »Standing Stones of Stenness« und einiger verstreut liegender Exemplare, bleibe ich mit meinem Rad weiter in der Spur mehrtausendjähriger Geschichte.

Das Steinzeitdorf »Skara Brae« wurde durch einen Orkan freigelegt.

Die Frau am Kartenverkauf für das Grab *Maes Howe* schätzt mich ab: »Sind Sie Rentner?« Ich lächle ein »Vielleicht«. »Wie ein richtiger Rentner sehen Sie zwar nicht aus«, meint Sie, »aber nehmen wir mal an, Sie sind einer. Ich werde Ihnen die ermäßigte Karte geben!« Eigentlich ist die Szene zum Lachen, aber ein wenig fühle ich mich auch an eine Fahrt in der Straßenbahn erinnert, wo mir ein Schüler, mein Alter respektierend, seinen Platz anbot. Ein kleiner Trost für mich: Die hustende »Campbell-Maschine« in Kirkwall war 37 Jahre älter als ich!

Maes Howe!

Ich hatte in Irland die Grabanlage *Newgrange* besucht. Nun stehe ich vor einer ganz ähnlichen. *Maes Howe* ist ebenfalls das Werk von Steinzeitmenschen, ein etwa 5000 Jahre altes Kammergrab.

Gewaltige Stein- und Erdbewegungen waren nötig, um Stollengang und Kammern anzulegen und den Hügel über der Anlage aufzuschichten. Wir sind eine kleine Gruppe Interessenten, ganze vier Personen. Halbdunkel empfängt uns, als wir den langen Zugang betreten. »Achten Sie auf Ihren Kopf!« warnt die Führerin. Und dann wie nebenbei: »Dieser eingebaute Stein hier wiegt ungefähr dreißig Tonnen!« Neun Meter Stollen, dann stehen wir in der großen Grabkammer, von der kleinere abzweigen. In mehreren Metern Höhe eine selbsttragende Decke. »Durch diese«, so unsere Begleitung, »drangen die Wikinger ein. Sie plünderten das Grab. Alles was sie zurückließen, waren ein paar alte Knochen. Mit einer Ausnahme. Sie stehen nicht nur in einer der größten und schönsten Grabanlagen aus der Steinzeit, Sie befinden sich sozusagen auch in einer ›Runen-Bibliothek‹!« Der Lichtkegel ihrer Lampe tastete die Wände ab. Schriftzeichen werden sichtbar. War es Langeweile oder der bewußte Versuch der Wikinger, ihrer Nachwelt einige Informationen zu hinterlassen? In der Literatur über *Maes Howe* findet sich die Übersetzung der Runenschrift. Sie liest sich fast amüsant: »Tholfr Kolbeinns Sohn hat diese Runen geritzt... Diese Runen wurden vom erfahrensten Mann im westlichen Ozean geritzt... mit seiner Axt, die er von Gauk Trandilsson im Südland erhielt... Ingigerth ist die schönste aller Frauen... Es ist wahr, was ich sage, der Schatz wurde drei Nächte vorher weggenommen...« Manches in der Runensammlung von *Maes Howe* klingt ein wenig nach Trinkgelage. Doch die Nachwelt dankt es den Wikingern, daß sie nicht nur mitnahmen, sondern auch etwas hinterließen. So liegt über der Grabanlage nicht nur das Schweigen vergangener Jahrtausende. Wie mit einem »Zwischenruf« hatte sich hier noch eine andere Kultur zu Wort gemeldet.

Als wir durch den langen Gang gebückt wieder ins Freie gehen, schauen wir *nicht* in die Sonne – aus zwei Gründen: Es regnet wieder, und wir haben das »falsche« Datum. Die Steinzeitmenschen waren nicht nur Baumeister, sondern auch gute Naturbeobachter. Wie beim irländischen *Newgrange* hatten sie auch hier den Stollen so angelegt, daß am kürzesten Tag des Jahres, wenn die Sonne den tiefsten Stand erreichte, ihre Strahlen bis in die Grabkammer fielen. Steinzeit mit Wissenschaft!

Wo das Meer die Menschen prägt

Ich könnte es beim Besuch der Insel »Mainland« belassen. Der Abstecher in die Steinzeit hatte sich gelohnt. Doch unbekannte Horizonte haben mich schon immer gereizt. Eine andere Fähre, ein anderes Stück Orkney! Mit den Inseln werden auch die Schiffe kleiner. Die Fahrt geht vorbei an »Shapinsay«, an »Egilsay«, an »Eday«. Mit Gegenkurs passiert uns die *Earl Sigurd* – alles Namen, die klingen, als befände ich mich nicht mehr in britischen, sondern in nordischen Gewässern. Wikingervergangenheit!

Es ist ein Tag zum Kehrtmachen. Regenschwerer Himmel, die See sein graues Spiegelbild. Drehte man das Bild um, dann erschienen die Inseln als durchhängende Wolken. Ich hatte mich für einen Besuch »Westrays« entschieden. Einen tieferen Grund dafür gab es nicht, allenfalls den, daß die Insel weitab im Norden liegt. Die Ruhe einer abgeschiedenen Welt dürfte mich dort erwarten.

Am Anleger werden wir von den Möwen begrüßt – nur von Möwen! Ein Häuschen zum Unterstellen, eine Straße, die ins Innere der Insel führt: »Welcome!« Mit Sicherheit bin ich der einzige Tourist auf Westray.

Meine Fähre muß schneller als die Regenwolken gewesen sein. Sie hat sie abgehängt und die Sonne eingeholt. Westray gewinnt! Es liegt an der späten Jahreszeit: Auf den Wiesen sammeln sich Kiebitze und Brachvögel für ihren Flug nach Süden. Vögel und keine Menschen! Wie leer es am Rande Europas sein kann! Ich radle still vor mich hin und genieße. Weder Baum noch Strauch, dafür Weiden wie Golfplätze – naturgepflegt. Auf ihnen nicht die gewohnten Schafe, sondern Kühe. Beim Anblick des Radlers vergessen sie das Kauen und flüchten steifschwänzig. Das erste Haus: eine Ruine, krähenbewacht. Später eine Kirche: die Fenster zugemauert, das Portal zum Scheunentor umfunktioniert. Endlich ein richtiges Haus! Durchs Fenster ist der Besitzer zu sehen, er streicht gerade den Rahmen. Kühl muß es in den grauen Steinwänden sein, denn der Mann trägt eine Pudelmütze. Wir grüßen uns. Ich durch Handheben, er mit dem Pinsel. Später lerne ich: Hier grüßen alle den Fremden – mit allem, was sie gerade in den Händen halten: Säge, Hammer, dem Zipfel eines Fischernetzes... Sicher könnte ich auf Westray zelten – wenn das Wetter mitspielte, vielleicht sogar über den Klippen. Doch Kontakt zu den Bewohnern wäre mir lieber. Hier fließt noch Wikingerblut in den Adern, hier leben Menschen, deren Leben das Meer bestimmt.

Ein Auto überholt mich! Ein Auto auf der Straße von Rapness nach Pirowall! Ich sollte das im Tagebuch vermerken. Hundert Meter weiter hält der Wagen. Im Seitenfenster wird ein Kopf sichtbar. Der Mann dreht sich nach mir um, als hätte er keinen Rückspiegel. Noch bevor er Fragen stellen kann, frage ich ihn: »Können Sie mir sagen, ob es auf der Insel ›Bed and Breakfast‹ gibt?« Die Antwort kommt nicht in englisch, aber auch nicht auf norwegisch. Doch ich habe ihren Sinn erraten: Kein »B&B«, aber ein Hotelbett in Pirowall. Auf Westray ein Hotel? Das wäre noch eine Notiz fürs Tagebuch.

Auf meiner Orkney-Karte hat die Insel kaum Daumenlänge. Den Schaltgang zu wechseln, lohnt nicht; ich bin schon am Ziel: *Hotel Pirowall!*

»Sie suchen ein Zimmer?« Das Gesicht des Wirtes wird vor Freude noch breiter, als ich »für mehrere Tage!« sage. »Natürlich! Natürlich! Kommen Sie!« lockt er mich die Treppe hinauf. »Dieses hier? Oder dieses? Vielleicht das hier?« Eigentlich wäre es egal. Jedes der Zimmer ist riesig, groß genug, um darin eine Party zu feiern. Letzlich entschließe ich mich für das, durch dessen Fenster ein Baum wüchse, hätte man ihn nicht schon mehrfach gestutzt. Der erste Baum auf Westray! Gekappt hatten ihn nicht nur Menschenhand, sondern auch die Stürme.

Der Wirt erscheint wieder: »Hier ist Ihr Zimmerschlüssel!« Darauf gibt es nur eine Antwort: »Ich brauche keinen!« Am Gesicht des Wirtes sehe ich, daß er meine Worte so verstanden hat, wie sie gemeint waren: Als ein Kompliment an die Menschen, die hier leben. Auf »Westray« wird kein Gast bestohlen! Verlöre er etwas, würde man es ihm eher nachtragen. Ich bin auf den Orkneys und nicht in Marokko oder Mexiko! Solches Vertrauen gibt man gerne zurück. Sogleich bekomme ich es zu spüren: »Sie können bleiben, so lange sie wollen«, meint der Wirt. »Und bezahlen brauchen Sie erst, wenn Sie abreisen – auch Essen und Trinken! – Tee und Kaffee kostet Sie nichts!« ergänzt er.

Es ist Abend geworden; ich sitze im Gastraum. An den Wänden Bilder von Trawlern. Neben der Schiffsuhr verschämt ein Schildchen: »No credit given!« Es gilt nicht für mich. Auf dem Tresen Sammelbehälter: für Krebskranke, für die MS-Forschung, für die *Königliche Lebensrettungsgesellschaft*. Dann noch eine Plastiktüte: »Spende für die *Gesellschaft der Seeleute*«. Ich staune. Jede Menge Scheine schimmern durch.

Vor dem Zapfhahn wird es voll. Offensichtlich ist das Hotel der urbane Mittelpunkt der Insel. Männer und Frauen, jung und alt treffen sich hier. Mir fällt auf, daß das soziale Band der Inselgesellschaft noch nicht zerissen ist. Wann hatte ich das letzte Mal Teenager mit Alten bei einem gemeinsamen Glas Bier gesehen? Ab und zu tönt die Stimme des Wirtes durch den Raum: »Ist jeder glücklich?« Zwischen dem Bierzapfen scheint er ein paar Leute über den Fremden aufzuklären. Neugierige Blicke treffen mich – und scheue. Nein, ich bin nicht im Rheinland. Kein vertrauliches Arm-um-die-Schulter-Legen schon nach dem ersten Glas!

»Ei ... meint goma ... doch! ... Scheilong nui heddat seni ...!« Neben mir redet man »Wikinger-Englisch«. Die Wortfetzen, die ich aufschnappe, überfordern meine Sprachkentnisse – ja, selbst das Interpretationsvermögen. Jetzt bestellt ein Mann für sich einen weiteren »Drunk« und für seine Frau einen »Ballbled«. Bei dem »Bullenblut« handelt es sich offensichtlich um eine Art Brandy. Der Wirt spricht abwechselnd englisch und in mir fremden Idiomen. Jetzt begrüßt er einen neuen Gast: »Hallo! Und was kann ich für dich tun?« Der Angesprochene ordert mit Fingerzeig: Auch »Stummes« wird hier verstanden.

Ich hatte Essen laut Speisekarte bestellt. Nun kommt der Wirt zu mir an den Tisch: »Ist der Fäsch okay?« Der »Fäsch« könnte nicht frischer sein. Dort wo der Parkplatz des Hotels endet, beginnt der Atlantik. Schon als er mir den Teller brachte, hatte der Wirt sich entschuldigt: »Sie wollten einen ›Monk‹![12] Sorry, unsere Speisekarte stimmt nicht! Aus der Küche kommt immer nur das, was gerade gefangen wurde. Heute ist es ein ›Angler‹!« Als ich zurückfragte, was ein »Angler« sei, malte er den Fisch in die Luft, wischte mit einer Handbewegung die »Zeichnung« wieder aus und ging. Nach einer Minute kam er zurück und legte mir ein Buch auf den Tisch: »Das ist besser!« Dieses *Collins Guide to the Sea Fishes* war bereits so zerlesen, als hätte es schon vielen Hotelgästen zur Identifizierung des »gerade Gefangenen« gedient.

Von diesem kleinen Schönheitsfehler abgesehen, ist die Speisekarte des *Hotels Pirowall* die unzeitgemäßeste, die mir seit langem begegnet war. Sie beginnt bei 20 Pence für ein Knoblauchbrot und endet unterhalb von drei Pfund – die einzige Ausnahme ist das Steak. Und was für Portionen! Sie sprengen jedes Augenmaß; alles aufzuessen grenzte an Völlerei.

Der Raum hat sich wieder geleert. Die verbliebenen Gäste schweigen ihre Gläser an. Westrays Gesellschaft kommt ins Nachdenken. Ein weiterer geht. Als er bei mir vorbeikommt, grüßt er stramm. Noch einer folgt. Dieser hält an und meint lächelnd zu mir: »Stehe ich in deiner Straße?« Es sind liebenswürdige Abschiede. Inseltypisch.

Heute liegt ein fauler Tag hinter mir, mit Lesen und Tagebuchschreiben. Das Wetter hatte ihn mir diktiert. Es ist kein neuer Gast hinzugekommen. Sollte der Hotelbesitzer von Touristengeldern abhängig sein, so hinge schon längst das Schild am Fenster »For sale!« Ein Blick ins Gästebuch bestätigt das. Es ist über zehn Jahre alt und nicht einmal bis zur Hälfte gefüllt. Abends wiederholen sich im Gastraum die Szenen von gestern – mit einem kleinen Unterschied. Man taut dem Fremden gegenüber etwas auf. Ich werde in die Gespräche mit einbezogen, und man bemüht sich dabei um ein für mich verständliches Englisch. Jetzt geht es um das Thema Wildgänse! Aus Island kommend, fallen die Vögel während der Migration in großen Schwärmen auf Westray ein. Sie verursachen Kahlfraß und verätzen mit ihrem Kot die Grasnarbe. »Abschießen lohnt nicht!« meint einer der Männer. »Zwar kann man das Fleisch essen, doch der Metzger kauft uns die Gänse nicht ab. Aber verrotten lassen wollen wir sie auch nicht!« Am Ende kommt man zu dem Schluß: »Es wird alles beim alten bleiben! Denn tausend

Jahre Kahlfraß und Kot haben Westray nicht ärmer gemacht!« Man will von mir wissen, was ich von der Restaurierung von *Notland Castle* halte. Schon am ersten Tag war mir die Burg aufgefallen. Sie hat einst einem Gefolgsmann von Maria Stuart gehört. Es soll einen geheimen Gang zu ihr geben – quer durch die ganze Insel. Ich antworte frei heraus: »Was dort gemacht wird, gefällt mir nicht. Moderne Fenster gehören nicht in so eine alte Burg.« Die Meinung des Fremden findet Beifall: »Das sagen wir auch!« tönt es von allen Seiten. Als die Rede auf mein Fahrrad kommt (natürlich weiß man inzwischen über meine Art zu reisen Bescheid), erfahre ich etwas vom Autofahren auf Westray. Längst haben nicht alle Wagenbesitzer einen Führerschein. Die Polizei unten in Kirkwall weiß das natürlich, doch bei Kontrollen stößt sie immer ins Leere. Die Beamten sind auf die Fähre angewiesen; aber der warnende Funkspruch von der Brücke ist schneller. Tore werden geschlossen, Autos verschwinden in Bootsschuppen oder stehen »fahrerlos« herum. Alle, die die Polizei am Steuer kontrolliert, haben ordnungsgemäße Papiere – zufällig!

Am dritten Tag gibt sich das Wetter gnädig. Es erlaubt einen Spaziergang. Ich hatte den Wirt, Mr. Fergus, gebeten, das Frühstück zu reduzieren. Schließlich leistete ich nicht zwölfstündige Schwerarbeit auf einem Fischkutter, und bei ganzen zehn Kilometern Inselstraße kann ich die Kalorien kaum wieder abradeln. Daß heute morgen eine Scheibe Schinken weniger auf dem Teller liegt, fällt gar nicht auf. Aber Mr. Fergus bestätigt mir: »Das Frühstück ist reduziert!«

Westray per pedes. Friedhöfe haben es mir schon immer angetan. Dies ist keine Sehnsucht nach dem Tod, eher nach Geschichte. An solchen Stätten kann man in der Vergangenheit »blättern«. Ich gehe durch die Reihen der Grabsteine: »Sandison«, »Hewison«,

»Stevenson« ... Man brauchte gar nicht die Orkneyinga-Saga zu lesen; der Klang der Namen verrät es: Die Wikinger waren einst hier.

Um sich von Inseln wie Westray ein Bild zu machen, genügen wenige Straßenkilometer. Wie die Teile eines Puzzles lassen sich die Details zu einem Ganzen zusammenfügen. Alte Ruder stützen Wäscheleinen. Walknochen als Gartendekoration. Übergeworfene Fischernetze verhindern, daß Heustapel das Opfer von Stürmen werden. Die Bank! Garagenformat, der Schriftzug ist von der Fassade gefallen, lesbar bleibt er trotzdem; denn Wind und Wetter hatten die Umrisse der Buchstaben in den Zement graviert. Das Info-Bord: Zwei Eichenplanken sind zu verkaufen. Wer im Gemeindehaus Bastelarbeiten verkaufen möchte, kann bei Nancy Scott einen Tisch bestellen. Ein Ring wurde gefunden – abzuholen bei Mrs. Teenie. Irgendeine Gasse: Ruinen! Andere Häuser auf dem Weg zum Zerfall. Bei einem hat das eingestürzte Dach das Inventar erschlagen: Schränke, Betten, Tellerbord, die Wäschemangel. Doch es gibt auch liebevoll Erhaltenes. Ich klopfe an eine Tür: »Entschuldigung! Darf ich von Ihrem Fenster eine Aufnahme machen – mit den Fischen darüber?« Natürlich darf ich! Die Frau fragt, woher ich komme. Längst wird sie es wissen! Daß im *Pirowall* ein »Cyclist from Germany« wohnt, ist doch Inselgespräch. Sie möchte es wohl nur bestätigt haben. Ich tue ihr den Gefallen. Weiter geht es mit dem »Puzzlesammeln«.

Auch das gibt es über den Orkney-Inseln: blauen, wolkenlosen Himmel. Da fällt die Entscheidung nicht schwer: Klippenwanderung, Seehunde und Vögel beobachten. Der Wirt bringt mir in einer Zweiliter-Whiskyflasche Trinkwasser: »Das sollten Sie mitnehmen! Und vergessen Sie Ihren Regenanzug nicht!« Der Himmel sieht zwar anders aus, aber wer wie Mr. Fergus auf den Orkney-Inseln alt geworden ist, der braucht nicht den Wetterbericht der Meteorologen.

Die Inselstraße wird schon nach wenigen hundert Metern zur Piste. Sie winkelt durch Wiesen. Ohne großes Gepäck ist das Rad ein Fliegengewicht. Selbst als es »querbeet« weitergeht, ist das Zäuneüberwinden mit ihm kein Problem. Ein kurzes Gespräch mit einem Bauern. Er hat der kargen Natur ein Feld abgerungen. »Hanglage«, meint er, »keine Staunässe, günstige Sonneneinstrahlung!« Die Gerste, die er gerade erntet, sieht degeneriert aus: sehr kurzhalmig, die Ähren kaum so groß wie mein kleiner Finger. Ich weiß es bereits: Auf den Orkney-Inseln findet sich noch Getreide, das wenig von der Wildform entfernt ist. Ursaatgut von den Wikingern! Solches Gerstenkorn hat einen tausendjährigen Stammbaum – ähnlich einem Islandpferd. Der Bauer meint, der Ertrag sei so gering, daß die Weiterverarbeitung nicht lohne. Er verfüttere die Ernte an die Kälber. Gut gemästetes Jungvieh bringt auf dem Markt bessere Preise. Ich bedanke mich für das Gespräch und frage, ob ich einige Halme mitnehmen dürfe. Er lacht: Ein komischer Fremder ist das! Ein paar Halme Gerste ...

Der Leuchtturm kommt in Sicht. »Noup Head«. Jeder Insel ihr Leuchtfeuer, das gilt auch für Westray! Tief unten bricht sich die See. Immer die gleichen Rammstöße – schon seit Millionen von Jahren. Man muß schwindelfrei sein, um sich bis zum Klippenrand vorzuwagen. Es wäre sonst ein langer, freier Fall. Das Brutgeschäft der Vögel ist längst beendet, und die meisten Tiere sind wieder draußen auf dem Meer. Doch ein paar »Klippenhocker« gibt es immer. Der Abstieg über die Nordflanke erweist sich als nicht allzu schwierig. Zuerst entdecke ich nur die Kormorane und Eiderenten, doch dann trägt der Wind vertraute Laute heran. Auf dem

Leuchttürme sind die Wahrzeichen der Orkneys.

Bauch liegend, robbe ich bis an die Felskante vor. Wenig später habe ich sie im Sucher: Seehunde! Ein Dutzend Tiere sind am Fuße einer halbversunkenen Klippe beim Fischfang, andere räkeln sich auf dem Plateau in der Sonne. Es geht um die besten Plätze. Ohrfeigen mit den Flossen, Zähnezeigen als Drohgebärde. Laut geht es dort unten zu. Ich zähle über vierzig Tiere. Ein Naturfan kommt auf seine Kosten.

Noch lange genieße ich den Cockpit-Blick. In Gedanken mache ich Inselspringen. Die nächste Landscholle gehört zu den Färöern. Es folgt Island, dann Grönland. Von Südwesten her ziehen Zirren auf, beängstigend schnell. Der Wirt sollte recht behalten. Zwar komme ich noch trocken wieder nach Hause, doch wenig später beginnt es zu regnen. Er empfängt mich mit den Worten: »Na, was gesehen?« Ich zeige auf die Kamera: »Es ist alles hier drin!« Einen ganzen Film hatte ich über den Klippen gefüllt.

Mein letztes »Vielfraß-Frühstück«. Ich bitte Mr. Fergus um die Rechnung. Dieser ruft nach seiner Frau: »Unser Radler will uns verlassen! Was soll er zur Strafe bezahlen?« Die Antwort dauert. Dann kommt es zurück: »Zweiundsiebzig Pfund!« Ich protestiere: »Das ist zu wenig! Das kann nicht stimmen!« Doch man bestätigt es mir: »Zweiundsiebzig Pfund und keinen Penny mehr!« Außerdem soll ich unbedingt wiederkommen – und dann länger bleiben. »Warum eigentlich nicht?« denke ich. Vieles spräche dafür.

Zu den schönen Erinnerungen an Westray kommt beim Abschied eine weitere. Ich brauche keinen Zimmerschlüssel abzugeben. Vertrauen benötigt solche Formalitäten nicht!

Irgendwie machen die Orkney-Inseln süchtig. Und da ich nicht in Eile bin, entscheide ich mich noch für ein bißchen mehr. Am östlichen Horizont liegt »Papa Westray«, auf der Karte nur noch eine halbe Daumenlänge groß. Viel kleiner sollten Fährschiffe nicht sein! Ich stehe am Pier und frage zum Kapitän der *Golden Mariana* hinunter: »Sir, können Sie mein Fahrrad mitnehmen?« Dieser scherzt zurück: »Wenn da mal das Boot nicht überladen wird!« Es folgt ein freundliches: »Lassen Sie es langsam herunter!« Von der »Bay of Pirowall« in die »Bay of Moclett« sind es zwanzig Schaukelminuten. Ich mag die Insel schon, bevor ich einen Fuß auf sie gesetzt habe. Spontane Zuneigung.

Vier Kilometer Straße, und Papa Westray ist zu Ende. Das Eiland wäre ein Viertelstundenprogramm, gäbe es da nicht... Der erste, bei dem ich hängenbleibe, ist der Besitzer der *Holland Farm*. Ich hatte die Anlage schon vom Meer aus gesehen. Sie thront auf dem höchsten Punkt der Insel, beherrscht sie förmlich. Überdimensional auch ihre Ausmaße. Mehr als zwanzig Gebäude rücken zu einer »grauen Festung« zusammen. Fast wäre sie wirklich mausgrau, gäbe es da nicht die Türen, Tore und Fenster. Jedes dieser Holzteile ist leuchtend rot gestrichen. Der Bauer wollte gerade die Straße überqueren, als er mich entdeckte. Er blieb stehen und »blockierte« den Weg. Die Haltung, in der er mich erwartete, war wie eine Aufforderung. »Stop, Fremder! Bevor Sie hier durchkommen, erzählen Sie erst einmal, wer Sie sind, woher Sie kommen und was sie nach Papa Westray verschlagen hat!« Ich tat ihm den Gefallen – ausgiebig, natürlich nicht ganz ohne Eigennutz. Es würde schon etwas für mich dabei herausspringen. Und schon revanchierte er sich: »Schauen Sie sich ruhig die Farm an! Es gibt hier keinen Hund, der beißt. Zur Pferdemühle müssen Sie dort hindurch...« Auch sein privates »Museum« sollte ich mir ansehen. Der Zettel an der Tür, daß man den Schlüssel zu dem kleinen Haus am Wohngebäude erhalte, gelte nicht, klärte er mich auf. Es sei nie abgeschlossen. Ich zeigte auf eines der rotgestrichenen Tore: »Die leuchten ja wie Seezeichen! Man sieht sie bereits vom Schiff aus.« Er lachte: »Ja, ja, ja! Jetzt sind sie rot. Im letzten Jahr waren sie blau, davor grün, davor braun. Ich habe gerade viel rote Farbe bekommen. ›Seezeichen!‹ Das klingt gut!« Während des ganzen Gesprächs hatte er unablässig den Trageriemen seines Fernglases durch die Finger gleiten lassen. Er erriet meine Frage: »Was ich damit mache?« Das Fernglas wurde in diesem Moment zum Perpendikel. Kopf und Oberkörper machten die Pendelbewegungen gegenläufig mit. »Ich zähle meine Kühe! Wenn ich so ein Fahrrad wie Sie hätte, würde ich auf die Weide fahren. Doch ohne ist es mit dem Glas einfacher!«

Der Farmer hatte nicht »cattle«, auch nicht »biests« gesagt, sondern »küh«. Ich fragte nach: »Küh?« »Ja, kuhs, küh!« wurde ich von ihm aufgeklärt. »Das ist ›Viking‹, noch ein bißchen wie norwegisch. Wir sagen hier so – von früher.«

Eine Viertelstunde für Papa Westray? Schon das Gespräch mit dem Bauern hat länger gewährt; und die Runde durch Scheunen, Ställe, Schmiede und »Museum« dauert allein eine gute Stunde. Dabei stelle ich fest, der Farmer mußte wirklich viel, sehr viel rote Farbe bekommen haben. Er hatte auf dem Hof sogar die Eisenteile damit gestrichen.

Das nächste Gespräch provoziere ich. Wo ich die Lehrerin, eine gewisse Mrs. Hopkins, fände, das wußte ich bereits vom »Holland-Farmer«. Wie unkompliziert hier alles abläuft. Mrs. Hopkins stellt mir ihre Schützlinge vor: »Das ist Stewart, das Gary... Sally, Sam, Barry, Christopher.« Ich hatte richtig gezählt! Alle

Stewart, Gary, Sally, Sam, Barry, Christopher – alle Schulklassen Papa Westrays auf einen Blick, dazu Mark und Amanda im Spielalter

Klassen zusammengenommen machte sechs Schüler. Die Frage hängt förmlich im Raum: »Wie sehen Sie denn die Zukunft einer so kleinen Schule, Mrs. Hopkins?« Die Lehrerin gibt sich zuversichtlich: »Stewart und Gary werden uns zwar nächstes Jahr verlassen, doch da sind noch Mark und Amanda. Die beiden sind viereinhalb und spielen schon in der Schule. Außerdem wird eine Frau demnächst entbinden, und gerade hat ein junges Paar geheiratet.« »Gerade geheiratet!« denke ich. »Das läßt hoffen!« Demnächst, so erfahre ich von der Lehrerin, steht ein Klassenausflug an. Mrs. Hopkins nennt das »sozialisieren«. Die Kinder kennen keinen Supermarkt, keine Eisenbahn, keine richtige Stadt. Sie beschreibt mir die Umstände: »Mit dem Boot nach Westray, mit der Fähre von dort nach Mainland, mit dem dritten Schiff ans Festland, dann weiter per Bus. Das alles geht nicht ohne Übernachtung!« Von Papa Westray nach Edinburgh ist es eine kleine Weltreise! Ich hatte Mrs. Hopkins von dem »Kühe-Zählen« des Farmers erzählt. Sie lachte: »Ach was! Von wegen Kühe zählen! Der beobachtet damit die Menschen!« »Und wie viele kann er beobachten?« fragte ich zurück. »Vierundsechzig!« lautete ihre Antwort.

Auf der Insel »stimmte« also das Zahlenverhältnis zwischen Bewohnern und Tieren. Millionen Seevögel haben fünfundsechzig Menschen »zu Gast«! Zwei weitere von ihnen hätte ich noch gern gesprochen: den alten Stuhlflechter Stewart Gray und den Priester. Doch ich habe Pech. Der Flechter ist zu Besuch auf einer anderen Insel. Nur einen halbfertigen Stuhl gibt es zu sehen. Und einen eigenen Priester hat Papa Westray nicht. Dieser kommt einmal in der Woche per Schiff zum »Service«.

Mit Tommy Rendall, dem Kapitän der *Golden Mariana,* hatte ich abgemacht, daß ich auf jeden Fall die letzte Verbindung nehmen würde. Er möge, sollte ich nicht pünktlich sein, doch bitte auf mich warten. Wenn man erkennbar der einzige Passagier ist, kann man so einen Wunsch schon einmal äußern. Nun, wo mir Stewart Gray nicht das Entstehen seiner originellen Flechtstühle erklären kann (ein Exemplar soll sich sogar im Besitz der königlichen Familie befinden), und ich Priesterworte hier nur sonntags von der Kirchenkanzel hören könnte, entscheide ich mich – wo mir noch so viel Zeit bleibt – für ein anderes Papa Westray, das gestrige.

Es überrascht mich, was es auf dieser kleinen Landscholle alles zu entdecken gibt. Erinnerungen an die Zeit der Dampfschiffahrt: der alte Pier an der Ostküste; Überbleibsel aus der Zeit der Kelp-Herstellung, als man hier noch Seetang verbrannte und die Asche an Seifenhersteller und Glashütten verkaufte; dann eine alte Wassermühle und am »Knap of Howar« sogar zwei freigelegte Wohnstätten aus der Steinzeit. Und – damit hatte ich gerechnet – natürlich steingewordener Glaube. Trotzdem bin ich erstaunt, hier eine *Bonifatius-Kirche* vorzufinden. Hatte man den Missionar doch in Friesland erschlagen, nicht allzuweit von meinem Wohnort entfernt.

Friedhöfe und Kirchen! Sie liegen nicht nur gedanklich nahe beieinander, sondern oft auch räumlich. Ich mag beide unter einer Bedingung: Es darf nicht Barock sein, oder gar Rokoko! Diese Einstellung ist keine Kunstfrage. Im Halbdunkel romanischer Bögen und in der Strenge kühler Gotik sammeln sich Gedanken eben eher, als mit Blick auf Schnörkel und Prunk. Und die *St.-Bonifatius-Kirche* auf Papa Westray ist zum Gedanken-Sammeln.

Wenn man hier schon Wohnhäuser nicht abschließt, dann erst recht nicht solche Stätten. Stille empfängt mich. Fast nur Stein, etwas schlichtes Holz. An einer der Wände ein Kachelbild, von Inselschülern gefertigt. Auf dem Fußboden ein Kreuz aus Strandkieseln – mit Sicherheit von Kinderhand ausgelegt. Eine Kirche zum Beten!

Vor über tausend Jahren galt Bonifatius als »Fels« in der Brandung des Heidentums. Das hier nach ihm benannte Kirchlein hat da fast Symbolwert. Es hat Stürme überlebt, weltliche wie geistliche. Es sah das Reich der Pikten untergehen und die Herrschaft der Wikinger, die Jakobiten und die Reformation. Draußen stolpere ich fast über ein Grab.

Der halb im Boden versunkene Stein hat die Form eines nordischen Langhauses. Zu meinen Füßen ruht ein Wikinger. Die Orkney-Inseln: Geschichte, wohin man tritt!

Ich stehe wieder am Anleger. Draußen auf See wird ein dunkler Punkt sichtbar, die *Golden Mariana*. Mir ist längst bewußt, daß ich mit meinem Besuch die Insel doch nur gestreift hatte. »Na, wie war es auf ›Papay‹ (so nennen die Einheimischen Papa Westray)?« fragt mich Tommy Rendall. Ich verkürze die Antwort: »Schön! Schön und lehrreich!« »Das sagen sie alle, die ich wieder abhole«, meint er. »Wer ist ›alle‹?« möchte ich von ihm wissen. Er wiegt den Kopf, als ahme er den Seegang nach. Die Begeisterung für Papa Westray ist nicht mit den neugierigen Touristen gekommen. Sie muß schon sehr alt sein. Später entdecke ich in der Literatur eine Stimme. Ein Priester schrieb 1771: »Es ist eine wunderschöne Insel, reich an erstklassigem Getreide und üppigem natürlichen Gras. Der unkultivierte Teil gleicht einem Teppich, überstreut mit all den Blumen der Jahreszeit.«

Nun nehme ich quasi den Klassenauflug von Mrs. Hopkins vorweg. Drei Inseln, drei Schiffe – mit einem kleinen Unterschied: Die dritte Fähre verpasse ich absichtlich. Mir war ein Name untergekommen: »Scapa Flow«. Kriegsveteranen – englische wie deutsche – mögen beim Nennen dieses Namens aufhorchen. Das »Skalpeid floi« der Wikinger erreichte in zwei Kriegen traurige Berühmtheit. Ich radle über Hunderttausende Tonnen Beton, die sogenannten *Churchill Barriers*. Zu Dämmen aufgeschichtet, sollten sie deutsche U-Boote von der hier ankernden englischen Kriegsmarine fernhalten. Vor Schließung der letzten Lücken mogelte sich doch ein Boot in die Bucht. Es torpedierte die *Royal Oak*. Das sinkende Schiff nahm über 800 Matrosen mit in den Tod. Doch die ruhmlose Geschichte von »Scapa Flow« begann schon Jahrzehnte früher. Nach dem Ersten Weltkrieg lag hier die kaiserliche Flotte interniert – vierundsiebzig Schiffe, samt Besatzung – die fette Kriegsbeute der Engländer. Der Kommandant, Admiral von Reuter, reagierte nationalbewußt. Am 21. Juni 1919 gab er den gehei-

Versenkte Schiffe in »Scapa Flow«: Mahnmale gegen den Krieg

men Befehl: »Paragraph elf!« Alles war vorbereitet. Schotten und Luken wurden geöffnet. Selbstversenkung! Als erstes sank die *Friedrich der Große*, es folgte die *Seydlitz*, die *Hindenburg*. Zum Schluß schloß sich die See über dem Schlachtschiff *Markgraf*. Des Kaisers Stolz lag auf dem Grund des Meeres. Die einsetzende Ebbe läßt rostige Reste auftauchen. Es sind die Wracks von Blockade-Schiffen. Sie wirken wie Mahnmale gegen den Krieg. Würden sie nur so verstanden!

Am Kai von Stromness liegt wieder die *St. Olga*. Seit Stunden wälzt der Wind neue Wolken heran. Es sieht nach schwerem Wetter aus. Ein graues Willkommen, ein grauer Abschied! Doch dazwischen lag der Besuch auf ein paar Orkney-Inseln wie eine freundliche Umarmung. Die Fähre dreht in den »Hoy Sund«.

Backbords wird ein kleiner Holm sichtbar. Das Leuchtfeuer auf ihm warnt die Kapitäne: »Achtung Klippe!« Zu seinen Füßen liegt ein Fischerboot, kieloben zwischen die Felsen geworfen: ein Sturmopfer. Weiter zurück ähnliches »Strandgut«, ein viel größeres Schiff. Wehe, wer hier die Wut der Wettergötter zu spüren bekommt!

Die Wolken hängen immer tiefer! Die See steigt immer höher! Von der großen Klippenfront, die uns auf der Hinfahrt begrüßt hatte, ist jetzt im Wassernebel nichts mehr auszumachen. Die *St. Olga* beginnt zu rollen – trotz der Stabilisatoren. So ist es, wenn Stürme mit Schiffen »spielen«. Ich frage ein Mitglied der Crew: »Wer steht oben auf der Brücke?« Die Antwort des Mannes lautet: »Captain Manson!« Die nächste Frage ahnt er wohl und blockt gleich ab: »Da können Sie jetzt nicht hinauf! Nicht bei diesem Wetter!« Ich habe dafür Verständnis. Neugierde hat Grenzen.

Erst als wir im Windschatten von »Holburn Head« und damit schon fast im Hafen von Scrabster sind, wird die See ruhiger. Mit dem Rad käme ich gegen diesen Sturm nicht an. Ein Bett, ein »B & B« wäre nötig. Wetterbesserung abwarten: dann aufbrechen zum »großen Rest« Schottlands.

Von der Natur bestraft und belohnt

Ich war gerade noch bis in die Stadt Thurso gekommen. Auf den wenigen Kilometern hatte ich ein Schottland »zum Abgewöhnen« erlebt: Stürme von ungeheurer Gewalt. Heute bläst es noch immer, nur ein wenig schwächer. Der Wind singt in Bart und Ohren. Es ist wohl die Nachhut des Unwetters. Ich sollte mich täuschen! Der Sturm hatte nur Luft geholt. Voll trifft er mich nun von vorn. Über jede Hecke, über jeden Steinwall, die seine Kraft etwas brechen, bin ich dankbar. Schon nach wenigen Kilometern kommt die Einsicht: Warum dich mit der Natur anlegen? Du verlierst ja doch! Ich peile das nächste Haus an. »Sorry, ein Gästebett haben wir nicht«, antwortet der Mann, der mir öffnet. Aber mein umfangreiches Radgepäck bemerkend, macht er mir ein Angebot: »Wenn Sie ein Zelt haben, können Sie es in unserem Garten aufbauen, und morgen früh kommen Sie herein zum Frühstücken. Auch duschen können Sie.« Inzwischen war seine Frau in der Tür erschienen. Sie hatte mitgehört und protestierte jetzt: »Zelten? Bei diesem Wetter? Das ist viel zu naß und zu kalt! – Ruf mal Mrs. MacLennan an!« »befiehlt« sie ihrem Mann. Wenig später klingt es von hinten durch den Hausflur: »Alles in Ordnung!« Dann direkt an mich gewandt: »Ich erkläre Ihnen mal, wie Sie hinkommen ...«

Die Auskunft war sehr präzise, aber der Weg viel weiter als angenommen. Am Ende stehe ich wieder einmal als »Wasserratte« vor unbekannter Tür. Zu meinem Erstaunen erfahre ich, daß Mrs.

MacLennan gar kein Bett für mich hat. Doch auch sie wollte nicht, daß ich bei diesem Wetter im Zelt schlafe. »Stellen Sie sich erst einmal unter die warme Dusche, und dann kommen Sie in die Küche zum Essen«, macht sie mir ein Angebot. »Ich baue Ihnen inzwischen ein Bett.« Wenig später hat sie das Sofa im Wohnzimmer umfunktioniert. Schottische Gastfreundschaft. Es gibt »tatties«, »beef« und »turnips«. »Essen Sie ›turnips‹?« fragt mich Mrs. MacLennan. Ohne zu wissen, was das ist, antworte ich: »Selbstverständlich.« Man kann Vokabeln auch durch einen Blick auf den Teller lernen. »Tatties«, das wußte ich wohl, waren Kartoffeln. Und »turnips«, das sehe ich jetzt, sind Steckrüben.

Während der Nacht reibt sich der Sturm an den Ecken des Hauses. Polternd fällt ein Gegenstand um. Es könnte mein Fahrrad gewesen sein. Trotz der Geräuschkulisse schlafe ich ein.

Stürme kommen, Stürme gehen! Hoffentlich täusche ich mich nicht wieder. »Thank you for the great hospitality, Mrs. MacLennan!« Solche Gastfreundschaft hat eigentlich mehr als ein Dankeschön verdient.

Wieder Windgesäusel in Bart und Ohren. Doch diese Töne sind erträglicher als das gestrige Singen des Sturmes in den Speichen. Ich radle durch leeres Land. Moore, Heide, Stille. Plötzlich ein Anblick, den man wie eine Halluzination leugnen möchte: ein Atommeiler!

Warum das ...? Eine übliche Fabrik wäre in dieser Landschaft Schandfleck genug gewesen. Doch Protest wird stumm, wenn man in einer solchen Region den Menschen Arbeit verspricht. Das mag es gewesen sein, was den Bau des Kraftwerkes gerade hier ermöglicht hatte. Nun glaubt so mancher Schotte nicht nur an Gott. Es mag da noch Relikte von früher geben: Geister, Elfen ..., oder die

Worte des großen »Sehers von Brahan«. Zu viel, was dieser vorausgesagt hatte, war schon in Erfüllung gegangen. Und angesichts des Atomkraftwerkes von Dounrey wird in so manchem Highlanderkopf seine Prophezeiung herumgeistern, daß das Wild und die anderen Tiere in den Wäldern einst von einem schwarzen Regen ausgelöscht würden, und alles Land nördlich des »Großen Glen«[13] eines Tages von Feuer und Schwefel verzehrt – losgerissen vom Rest des Landes, in der See zerkrümelt. Der »Nostradamus Schottlands« zeichnete mit diesen Worten bereits vor 300 Jahren die Folgen eines Super-Gaus. Jedenfalls stimmt das verbale Szenario.

Endlich ein Dorf. Es wirkt ausgestorben. Später ein kleiner Wegweiser: »Achanlochy, Clearance Village«. Ich folge dem Pfeil. Holzschildchen mit Nummern markieren die frühere Lage der Hütten. Ein paar Grundrisse haben sich erhalten. Wieder einer jener schäbigen Plätze, an die man die Menschen im letzten Jahrhundert abdrängte. Auch das hatte der »Seher von Brahan« prophezeit: die Entvölkerung des Landes zugunsten von Schafen. Weiter geht es – westwärts. Noch immer habe ich den arg bremsenden Wind im Gesicht. Die Kilometer dehnen sich.

Das Meer! »Kyle of Tongue«. Die Straße hat an Höhe gewonnen. Der Blick reicht weit über die Bucht und tief ins Hinterland – bis hinüber zum »Ben Hope«. Die Ruine unten am Wasser könnte *MacKey Castle* sein. Seit ich wieder auf dem schottischen Festland bin, radle ich erneut altes Clanland ab: »Sinclair«, jetzt »MacKey«, hinter der nächsten Bergkette »MacLeod«.

Auf der anderen Seite der Bucht das schon gewohnte Bild: Endlosigkeit – noch einsamer als die zurückliegende. Wie ein dünner Faden verliert sich die Straße in der Weite. Ein Rest Heideblüte. Am Himmel eine Staffel Wildgänse.

Im hohen Norden Schottlands dehnt sich eine weite Natur.

Ein Haus? Nein, eine Ruine! Dafür irgendwann gleich mehrere Häuser – ein richtiges Dorf. Vom Straßenrand fliegt mir ein »Hallo!« zu. Ich grüße zurück. Schon liegt der Ort hinter mir. Die Straße folgt der Krümmung eines Bergbuckels. Wind und Steigung addieren sich. »Every mountain has a behind!« Hier heißt es »Loch Eriboll«. Eine kilometerlange Abfahrt. Doch am anderen Ufer wartet die Bestrafung. Dort sehe ich die Straße wieder klettern. »Wie in Norwegen«, fällt es mir bei der langen Schleife um die Bucht ein. »Du kannst fast über den Fjord spucken, dann radelst du eine kleine Ewigkeit – ohne ersichtlichen Geländegewinn. Am Ende bist du nur am ›Gegenüber‹.« Ein zweiter Berg und ein zweites »Dahinter«. Dieses Mal Reklameschilder, Hotels. Mit der Arroganz eines Individualisten passiere ich dieses »Leirinmore«. Der Ort ist auf meinen Besuch nicht angewiesen.

Wer so wohnt, sehnt sich nach keiner Großstadt.

Die Straße winkelt scharf nach Süden ab. Fast möchte ich »Danke!« zu ihr sagen, denn durch die Richtungsänderung wird der Gegenwind für mich zum weniger lästigen Seitenwind. Zu früh gefreut! Dort vorn wartet eine Steigung, die Radlermühe verspricht. Arroganz muß bestraft werden!

Während ich das Rad schiebe, umarmt mich die Natur – mit Bergen. Ein paar Schafe erschrecken, flüchten. Der Wolf ist wieder los. Ich könnte Schritte zählen, oder Schneestangen, oder die Wolken. Den Dank, der zunächst der Straße galt, schicke ich nun himmelwärts – weil es nicht regnet, noch immer nicht! Eine kleine Gedenktafel. Als Radler, erst recht als schiebender, übersieht man so etwas nicht:

»As a mark of gratitude and respect to the
inhabitants af Durness and Eddrachillis
for their hospitality while projecting
this road«

Da bedankten sich Straßenbauarbeiter für die Gastfreundschaft, die ihnen von den Bewohnern dieser Region während des Baues der Trasse zuteil wurde. Das war 1883. Schön, daß über 100 Jahre später Hospitalität in diesem Land immer noch groß geschrieben wird. Hatte ich dafür nicht genug Beispiele erlebt?

Mir reicht das Berganschieben. Jenseits des Sattels werde ich mein Zelt aufschlagen. Es wird keinen romantischen Abend mit Lagerfeuer und singendem Teekessel geben. Erstens könnte ich hier nur Heidekraut verfeuern, zweitens bin ich hundemüde. Es war eine lange, nicht gerade leichte Etappe. Weiter zurück, am Fuße des »Beinn Spionnaidh«, hatte ich ein Gehöft passiert – von Horizont zu Horizont die einzige menschliche Siedlung. Der Farmer ahnt sicher nicht, daß er heute nacht einen Einsiedler zum Nachbarn hat.

Der nächste Morgen beginnt mit einer Überraschung.

Mit Stotterbremse bin ich auf Talfahrt. Was mir von unten – das Rad schiebend – entgegenkommt, läßt mich gänzlich stoppen. Ich stehe einem alten Mann gegenüber. Er hält mich wohl irrtümlich für einen Engländer, gar aus London. Er kommt meinem Gruß zuvor und nennt seinen Namen: »Jim Morris, from London – Danvers Street!« Ich mache es etwas kürzer: »Christian, from Germany!« Der Rest ist Radlergespräch. Jim Morris war im Juni zu einer Tour »rund um Großbritannien« gestartet. Grob geschätzt sind das 7000 Kilometer. Mögen die Ost- und Südküste Englands einem Radler noch relativ flaches Terrain bieten, der Rest des Landes verlangt Knochenarbeit. Das allein würde schon zum Hut-Abnehmen reichen. Doch es kommt noch dicker. So ganz nebenbei bemerkt Jim Morris, daß er »gut im Plan« liege. Seinen 75. Geburtstag könne er dann zu Hause in der Danvers Street feiern. Die Highlands dürften selten einen solchen Helden zu sehen bekommen haben. Siebentausend Kilometer! Fünfundsiebzig Jahre! Bei allem Respekt verkneife ich mir doch eine Frage nicht. Den Gepäckkorb am Lenker seines Bikes ziert ein großer Löwenkopf aus Messing. Dieser »Zierat« ist ein Kilogramm überflüssiges Metall. »Warum dieser Kopf, Jim Morris?« Die Antwort, die ich erhalte, dürfte auch jeden anderen verblüfft haben: »Ich war Präsident des ›*Lion Club*‹!« Ein »Präsident« auf einem Fahrrad?

»Kompliment, Jim Morris!«

Der Radlertag hatte mit einem Erlebnis begonnen. Er sollte noch mehr Überraschungen bereithalten! Zunächst bekommen meine Beinmuskeln eine Kostprobe von den westlichen Highlands. »Assynt« heißt das Gebiet. Die Steigungen beginnen verhalten – bei zehn Prozent. Jetzt aber fluche ich: Es sind siebzehn. Dann fotografiere ich ein Schild: »Gradient 25 Prozent«. Das ist die Tücke der Assyntberge!

Endlos steigt, fällt, kurvt die schmale Straße. Bestrafung und Belohnung wechseln sich ab. Ein Fluch den Straßenbauern – aber ein Kompliment der Natur. Auch wenn die Beinmuskeln murren: daß ich mich für diese Nebenstrecke entschieden habe, werde ich nie bereuen. Assynt: Das ist Schottland von seiner schönsten Seite; Berge, Moore, Seen. Dazwischen immer wieder der Blick über wilde Küsten und Inselgewirr. Und wo man einer schönen Natur gar nicht ausweichen kann, sollte man es erst recht nicht den Menschen.

7000 Kilometer »rund ums Königreich«! Hut ab vor dem 75jährigen Jim Morris.

Nein, ich werde seinen Namen nicht verraten! Er möchte es wohl auch nicht. Ich hatte eine kleine Ansammlung von Häusern passiert. Sie nannte sich »Need« (Nest). Später kam »Drumbreg«. Es bedeutet »kleiner Grat«. Voraus lag »Clashnessie« (Tal mit Wasserfall). Aber bis dahin kam ich nicht. Irgendwo stellte ich eine meiner penetranten Fragen. Der Rest ergab sich. Statt gleich zu antworten, deutete der Mann zum Himmel: »Wenn das so weitergeht, werde ich mir kurze Hosen anziehen!« Er spielte damit auf die Sonne an, die durchbrach. Die Sonne verzog sich wieder. Dafür fing es an zu regnen. Mit einer Handbewegung holte mich der Mann ins Haus: »Komm herein, bis das vorbei ist!« Hinter uns stellte er seinen Stock quer in den Türrahmen. Was für eine Geste! Es ist ein uralter Brauch. Eine so »verbaute« Tür signalisiert: »Private Sphäre! Nicht stören!« Das Gespräch verlief zunächst wie immer: ein Frage-und-Antwort-Spiel. Auf seine Bemerkung: »Du bist doch nicht mehr der Jüngste!« hatte ich ein anderes Beispiel parat: Jim Morris; 7000 Kilometer im Alter von 75 Jahren. Worauf der Assynter antwortete. »Man wird ihn auf seiner Tour anstaunen wie jemanden mit zwei Köpfen und drei Beinen!« Dann schenkte er uns einen Whisky ein, hob sein Glas und prostete mir zu: »Slon schewa!« Ich tat es ihm gleich und hängte die Frage an: »Das ist wohl gälisch? Wie schreibt man das?« Noch eine Antwort zum Lächeln: »Wieso schreiben? Man sagt es!« Es folgte noch ein »Slon schewa!«

Ich hatte Rede und Antwort gestanden. Nun wäre eigentlich er an der Reihe gewesen. Mit was lockt man einen Schotten? Man lobt sein Land. Gründe dafür habe ich genug. »Ein schönes Stück Highland, diese Halbinsel...« Was nun folgt, dafür wünsche ich mir einen kleinen Rekorder in der Hosentasche und im Kragen ein verstecktes Mikrofon. Ein Fremder, der das Land erlebt hat, ein »Slon schewa!«, vielleicht so etwas wie Sympathie. Assynt erzählt. Ich habe Mühe, das alles im Kopf zu speichern:

Wenn es mir hier gefalle, könne ich gerne ein Haus und ein Stückchen Land kaufen. Voraussetzung, ich sei kein Engländer. Und sei ich doch einer, so müsse ich damit leben, daß man mich »white settler« nenne. Außerdem solle ich mich, wenn ich hier siedeln möchte, mit Kritik zurückhalten. So etwas hörten die Leute nicht gerne.

Was könnte man dem Radler noch erzählen? In einem der Dörfer leben nur noch zwei Männer, aber sieben Frauen. Die letzteren heißen deshalb die »Petticoat-Mafia«. Eine gewisse Chrissie, Tochter des Kapitäns Angus MacKenzie, besitzt einen Goldring von einem Piraten. Das kam so:

Das Schiff befand sich auf dem Weg nach Hongkong, als etliche

Männer plötzlich Waffen zogen. Die Piraten waren als Passagiere getarnt in Singapur an Bord gegangen. Sie raubten das Schiff gründlich aus und setzen sich mit dem Beiboot ab. Den ersten Offizier nahmen sie als Geisel mit. Der Anführer schenkte dem Kapitän beim Verlassen des Schiffes jenen Ring, den nun Chrissie besitzt. Die Geschichte könne ich mir noch genauer erzählen lassen und auch den Ring ansehen. Chrissie wohne in »Stoer«.

Doch Assynt lacht nicht nur. Es trauert auch. Da war der tragische Tod von Tomy Morisson. Er hatte sein ganzes Leben lang arbeiten müssen, und konnte deshalb im Alter nicht davon lassen. Eines Tages suchte er Rinder in den Bergen. Dort fand man ihn – tot! Sein Hund hatte auf erhöhtem Fels Wache gehalten, nur deshalb entdeckte man den Alten. Geborgen wurde der Leichnam von zwei Männern, die dafür unten im Dorf eine Tür aushängten und sie als Bahre benutzten. Als die herbeigerufene Ambulanz eintraf, lehnte sie jedoch die Übernahme des Toten ab. Leichen dürfe man nicht transportieren! Also hielt man das nächste vorbeikommende Auto an. Es war ein Lkw, beladen mit Zementsäcken. Zwischen diese legte man Tomy. So kam er nach Lochinver, wo der Arzt den Totenschein ausstellte.

Assynt trauert! Assynt erinnert sich auch!

Ein Lehrer wurde erschlagen – und beraubt. Man hatte einen Reisenden in Verdacht, der Töpfe verkaufte, und der seitdem ausblieb. Als er Jahre später doch wieder Ware anbot, trug er die Socken des Lehrers. Das brachte ihn an den Strang.

Ich werde jetzt keine Fragen mehr stellen! Dieses Assynt überschwemmt mich sonst. Trotzdem! Man muß das Glück gepachtet haben, um eine solche Erzählstunde zu erleben!

Nach »soeben einmal« zehn Seiten Tagebuch möchte ich Chrissie nicht mehr besuchen, um mir den Piratenring zeigen zu lassen. Man stelle sich vor, die Tochter von Kapitän Angus MacKenzie begänne auch zu erzählen! So radle ich hinaus zum Leuchtturm bei »Point Stoer«. Dort stehe ich dann sozusagen am Anfang aller Dinge. Statt Geschichten von Assynt, die Geschichte der Erde.

Drei oder gar vier Milliarden Jahre alt mag das Gestein hier sein. Da lohnt die Mitnahme eines solchen »Souvenirs«. Es hatte im Sinne des Wortes Erdbewegendes erlebt. Seinen geologischen Bruder fände ich drüben in Kanada. Kontinentaldrift! »Wegenersche Theorie«, für die die Natur den Beweis liefert. Das Gestein der so weit entfernten Küsten ist identisch. Nun ist mein Gepäck ein Kilogramm schwerer. Kein Löwenkopf aus Messing, nur ein Stück Gneis.

Weiter geht es: mit dem Kurven um Felsnasen, mit dem Berganschieben, mit dem Hinabtasten. Schottlands Nebenstraßen haben »Profil«. Doch die Natur hält mich weiterhin schadlos. Hinter jeder Biegung Szenenwechsel. Manchmal wirkt es, als verschöben Urkräfte die Berge. Blickte ich soeben noch auf den »Suilven«, so habe ich jetzt den »Quinag« vor mir. Wenn eine Wolke an seinem Gipfel hängenbleibt, wirkt er wie ein Götterthron. Noch ein paar Kurven – und der Horizont bietet ein wahres Highland-Panorama. Der »Glas-Bheinn«, »Beinn Uidhe«, »Ben More Assynt«... Nun eine neue Bilderbuchseite: »Loch Lirgainn«. Träumen trotz Pedalarbeit! Schade! Die Einmündung in die schnelle *A 894*. Realitätssinn ist wieder gefragt. Straßenverkehr läuft nach Regeln ab.

Bereits Ullapool? Wie schnell man auf Hauptstraßen ist! Wie wenig man sieht! »Sehr gute touristische Infrastruktur«, »guter Ausgangspunkt«: Reiseführerlob für die Stadt. Ich halte, lese eine der ausgehängten Speisekarten. Das schottische Nationalgericht, Haggis, wird angeboten – auf »touristisch« – mit Whisky flambiert. »Danke, das reicht, good bye Ullapool! Bin schon auf dem Weg zum River Broom!«

Mit Erreichen der Küste verändert sich schlagartig die Vegetation. Mammutbäume, Zypressen, Rhododendren. Der Golfstrom grüßt! Auch *das* ist Schottland. Manche mögen es – ebenso wie Ullapool. Mir ist mehr nach Stille – auch fürs Auge. Nur ein paar hundert Höhenmeter, und die moorigen Bergmatten haben mich wieder. Schön ist es hier oben! So schön, daß ich bleiben werde. Ich baue mein Zelt mitten auf einer Straße auf, einer Straße, die bereits in Vergessenheit geraten ist, weil man sie mit neuen Trassen überbaut, ihre Kurven begradigt, die alten Brücken gesprengt hat. Moderner Straßenverkehr verlangt Normen! Es ist die »Straße des Hungers«. Hunger hatten die, zu denen sie führte, Hunger auch nach Fortschritt und besseren Lebensbedingungen. Hungrig waren aber auch jene, die die Straßen bauten, und deshalb entlohnte man sie gleich mit Brot. Mein Zelt steht an einer Stelle, wo früher eine Brücke über den Quellfluß aus »Loch á Bhraoin« führte. Würde ich mit der Stiefelspitze im Moos stochern, stieße ich noch auf die alte Trasse.

Es bereitet mir immer wieder kindliche Freude, nasses Holz zum Brennen zu überlisten. Zwar sind alles, was ich hier oben für ein Lagerfeuer auftreiben kann, ein paar alte Weidenzweige; doch für ein Stückchen Romantik wird es reichen. Die Zweige fauchen und zischen, als wehrten sie sich gegen die Kerzenflamme, die ihnen von unten her einheizt. Dieses Verfahren dauert zwar, aber so wie steter Tropfen Stein höhlt, führt stetes Flämmchen letztlich zu offenem Feuer. An diesem späten Septemberabend ist es vielleicht das einzige Lagerfeuer, das in den Highlands brennt. Solche Reise-Romantik stirbt aus!

Noch in der Nacht hatte es einen Wetterumschwung gegeben. Ein scharfer Nordwind brachte auf den Bergen den ersten Frost. Über dem Land spannt sich ein fast wolkenloser Himmel. Polare Kaltluft! Dagegen haben Island-Tiefs keine Chance. Kaiserwetter für Radler!

Es ist einer der höchsten Berge Schottlands, der »An Teallach«, der mir heute so viel Treten abnötigt. Auf halber Höhe überholt mich ein Wagen des *Highland Council*. Der Fahrer hupt einen Gruß. Später treffe ich die Männer wieder. Sie errichten einen Schneezaun. Der nächste Winter kommt bestimmt, so sicher, wie für mich die Abfahrt.

Sie ist vierzehn Kilometer lang! In Dundonell rollt das Rad aus. Ägäisblau am »Little Loch Broon«! Flüssiges Silber in der »Gruinard Bay«! Gegenlicht macht das Wunder möglich. Berge zwingen die Straße erneut auf Höhe. Im Vorblick »Loch Ewe«. Noch ein »Wasser-werde-zu-Silber-Wunder«.

Lebensmittelkauf in Poolewe. Ein Kunde spricht mich an: »Sind Sie nicht der ›*K 929*‹? Ich habe Sie überholt.« Über die Frage muß ich lachen. Der Mann hat recht. Zu meinen »Macken« gehört das Aufsammeln von Kennzeichen, die Autofahrer unbemerkt verloren haben. Einen solchen Fund klemme ich mir unter das hintere Spanngummi. Finde ich ein neues Schild, deponiere ich das alte sichtbar am Straßenrand und fahre mit neuem »Kennzeichen« weiter. Es stimmte! Seit etwa 600 Kilometern hieß ich *K 929*.

Daß ich trotz der vielen Berghindernisse mein heutiges Ziel doch noch erreiche, liegt einzig daran, daß ich es will. Dieses »Wollen« hat einen Namen: »Loch Maree«. Würde man Schottlands Landschaftsperlen symbolisch auf eine Schnur fädeln – in einer solchen »Kette« dürfte Loch Maree nicht fehlen.

Mein Zelt baue ich im Schutz alter Kiefern auf. Es sind »Kaledonische Kiefern«, ein Rest ehemaligen Schottland-Waldes. So sah es hier in den Glens aus, als es noch keine Landlords gab – und damit keine tausendköpfigen Schafherden. Doch könnten diese Bäume von ihren Vorfahren erzählen, so würde man weniger von einem schottisch-englischen Problem hören, eher von einem römisch-keltischen. Was hier vor einigen Baumgenerationen wuchs, hatte noch römische Legionen sich mit den »Wilden« herumschlagen sehen. Zweitausend Jahre Rückblick sind wenig für die Natur.

Ich muß im Augenblick etwas zeitnaher denken. Es geht um Feuerholz! Doch hier läßt sich das Problem leichter lösen als am Rand von Hochmooren. Die Zapfen der Kiefern brennen wie Zunder. Ergänzt durch etwas Borke, erzeugen sie eine höllische Hitze. Ein Ast, alter Sturmbruch, sichert dann das Feuer bis tief in die Nacht.

Sternenhimmel über »Loch Maree«. Stille! Manchmal Funkensprühen! Eine solche Stimmung steckt an. Was könnte ich lesen? Das Büchlein *Schottische Clangeschichten*, oder doch lieber Gegenwart: das *Western Island Handbook*? Ich entscheide mich für ersteres. *Donald der Jäger, Das letzte Henken, Der Tod des Roten Colin*... Märchenstunde am Loch Maree.

Die Weiterfahrt entlang des Sees währt viel zu kurz. Am liebsten möchte ich Loch Maree umrunden – gäbe es eine Straße. Von den Schotten heißt es, daß sie »Munros« sammeln. Es sind die Berge

Meine »Sammlung« von Bergtälern beginnt mit Glen Torrion.

des Landes, deren Gipfel mindestens 3000 Fuß hoch aufragen. Jeder von ihnen lohnt den Aufstieg. Auch ich werde nun zum »Sammler«. Allerdings vom Gegenteil, den »Glens«. Gleich grünen Hängematten spannen sich diese Täler von Berghang zu Berghang. Schon das erste zeigt, wie eine solche Sammlung aussehen kann.

»Glen Torrion«! Am liebsten zöge ich hinter mir einen Zaun, damit mir niemand folgen kann. Eine solche Landschaft neidet man anderen! So schön ist es am Fuße des »Beignn Eigh«, daß eine meiner Psychosen durchbricht. Begeisterung schlägt in Übermut um. Als ersten trifft es den Fahrer einer »Bibliothek auf Rädern«. Die Straße ist einspurig. Ich halte »voll drauf«, so als wolle ich den gelben Bus rammen. Verdutztes Bremsen. Die Fahrertür wird geöffnet. Ich komme dem Mann zuvor: »Sorry! Darf ich Ihnen eine Minute Zeit stehlen?« Ich darf!

»Wieviel Bücher haben Sie an Bord des Busses? Wie groß ist das Gebiet, das Sie versorgen? Was lesen die Leute hier am liebsten?« Die Antwort auf die letzte Frage überrascht mich: »Romane und Science fiction.« »Nichts Geschichtliches?« frage ich erstaunt zurück. »Warum Geschichtliches?« meint der Mann. »Was wollen die Leute hier damit? Davon haben sie doch genug eigene!« Der nächste, den ich zum Halten zwinge, ist ein »Von-Haus-zu-Haus-Metzger«. »Was bringen Sie den Leuten alles? Eben traf ich einen, der hatte 2500 Bücher geladen!« Der so zum Bremsen Genötigte versteht Spaß: »Heute Hirsch am Stück! Wenn Sie noch mehr Fahrer fragen wollen: Dort hinten kommt gleich ein blaues Auto. Da drin sitzt ein Mönch!« So nebenbei erfahre ich jedoch auch, daß der Metzgerwagen von Kenneth Morrison täglich achtzig Meilen rollt, um die Menschen, die hier zwischen den Bergen wohnen, mit dem Nötigsten zu versorgen – nicht nur mit Wildbret.

Ich lasse mich durch das Glen weitertreiben – vom Wind, der als lauwarmer Föhn über die Berge schlägt – zähle Adler und Kolkraben. Später passiere ich das kleine Dorf »Annan«. Dort hatte der »General Merchant«, ein gewisser MacKenzie, längst aufgegeben. Kenneth Morrison wird den Service übernommen haben. Auf das blaue Auto mit dem Mönch am Steuer warte ich vergeblich. Was hätte ich ihn auch fragen sollen? »Wieviel Seelen haben Sie hier in den Bergen schon vom ›Absturz‹ gerettet?« Der Metzger hatte mich gefoppt. Man muß Spaß verstehen!

Glens und Lochs, Lochs und Glens. Blaues Wasser spiegelt mir das Sonnenlicht entgegen. Berge schweigen mich an. Ich schweige zurück. Begeisterung kann auch still sein. Schottland wird immer schöner!

Über dem Grün der Täler warten in der Höhe bereits die Farben des Herbstes. Bald werden sie »herabtropfen«, vom Heidekraut auf die Gräser, von den Gräsern auf die Moose. Das Land würde zur großen Malerpalette. Die Abfahrt hinunter an »Loch Alsh«. Sie ist eine jener Belohnungen, wie sie hinter Bergen wartet, die zunächst wie eine Bestrafung wirken. Jetzt blicke ich auf *Eilean Donan Castle*. Wer so fotogen plaziert ist, der füllt zwangsläufig Filme. Meine Sammlung der Landschaftsbilder werde ich morgen weiter ergänzen.

Es ist spät geworden beim Bummeln durch die Berge. Ich peile ein B&B-Schild an. »Guten Abend, Mrs. Lerin ...!«

Schottland, gastfreundlich wie immer.

Vor der Weiterfahrt am nächsten Morgen trage ich eine kleine Notiz nach: »Mrs. Lerin – etwas füllig und genau so freundlich. Bietet B&B an, damit sie nicht so einsam ist.« Von der redseligen alten Dame mache ich mich auf den Weg zu fünf »stummen Jungfern«.

»Es waren einmal sieben Schwestern. Zwei von ihnen wurden weggeheiratet. Die verbliebenen fünf aber warteten vergeblich auf die versprochenen Brüder der Bräutigame. Wer wartet, der altert. Um das bei den Mädchen zu verhindern und ihre Schönheit zu bewahren, verwandelte sie ein Hexenmeister in Berge, die ›Five Sisters‹.« Als ich dem River Sheel folge, um den »Fünf Schwestern« ins steingewordene Gesicht zu schauen, ist der weitere Verlauf der Tour noch offen. Vielleicht überquere ich die Berge und komme durch das »Große Glen« wieder in Küstennähe. Dann könnte ich übersetzen – auf die erste Hebriden-Insel. Doch nun keimt die Einsicht: »Das Kaiserwetter wird nicht allzulange anhalten. Du solltest dieses Nordmeer-Hoch besser für das ›Schottland auf See‹ nutzen; denn dort draußen geht es in der Regel recht ›naß‹ zu!«

Wer mich in diesem Augenblick beobachtete, müßte denken, ich hätte unten an »Loch Duich« etwas vergessen; so plötzlich mache ich kehrt. Ich habe ein neues Ziel: die Insel Skye.

Insel einer Heldin

Den Weg zurück an Loch Duich findet das Rad von selbst. Ich brauche es nur rollen zu lassen. Durch die neue Brücke bei Kyleakin ist Skye eigentlich keine richtige Insel mehr, zumindest eine »angebundene«. Doch zu dem Betonbogen, über dessen Rücken nun der Autoverkehr rollt, gibt es eine Alternative. Sie ist wunderschön und bitter zugleich. Vor mir liegen die Serpentinen über den »Beinn á Cuirn.« Die Augenbrauen leiten den Schweiß über die Wangen ab. Von der Nase tropft es. Dann der Blick auf Loch Duich: Vogelperspektive. Als Visavis die »Fünf Schwestern«, in der Tiefe die Häuser von »Shiel Bridge«. Aus solcher Höhe wirken sie wie Legosteine. Jenseits des Passes das erhoffte Erlebnis: eine kilometerlange Abfahrt. Die schmale Straße teilt die Heideblüte. Bei solchen Bergtouren heißt es stets: »Erst die Peitsche, dann das Zuckerbrot!« Noch habe ich die Küste nicht erreicht, als ich am Gegenüber das nächste Hindernis sehe. Der Anstieg dort wirkt wie ein Spiegelbild des zurückliegenden. Noch einmal die Peitsche?

Der Fährmann von Gleneig freut sich über den Kunden. Die neue Brücke weiter nördlich hat ihn fast brotlos gemacht. Er möchte wissen, warum ich mir den »hard way« ausgesucht habe, wo es doch nun viel bequemer ginge. »Was soll die Frage?« denke ich. »Der Mann wird doch die *A87* kennen – und wohl auch diese Strecke durch Glen More und Glen Arroch!« Die Überfahrt ist Minutensache. Eine halbe Drehung des Decks, ich rolle von Bord.

Vor mir ein neues Ufer, ein Ufer, an dem sicher wieder Erlebnisse warten.

Der erste Ort: Kylerhea, eine Handvoll Häuser. Ein Gruß trifft mich vom Dach herab, das gerade repariert wird. Ich winke zurück. »Sie sind der erste Radler, den ich sehe, der von dieser Seite über die Berge will!« tönt es von oben. Sein »Viel Glück!« gilt wohl dem Schieben. Ich steige erst gar nicht in den Sattel. Per pedes ab Küste!

Gemein, dieser Berg! Aber mit jedem Höhenmeter wird es mehr und mehr zur Gewißheit: Die bösen Erinnerungen an diesen »Sgurr na Coinnich« werden so schnell verblassen, wie sich meine Schweißtropfen auf der Straße verflüchtigen. Jenseits des Berges wartet ein zweites Zuckerbrot auf mich, die Fahrt durch Glen Arroch.

Vor mir, besser unter mir, der »Innere Sund«. Sein Blau spiegelt den Himmel wider. Wo der Meeresarm sich verengt, lag einst die Wikingerflotte Haconssons. Was für ein Anblick muß das gewesen sein: einhundertsechzig Langboote, Tausende Rundschilde, Wurfspeere, Streitäxte! Doch die Schlacht, in die die Wikinger damals zogen, verloren sie – und damit auch ihren Einfluß in Schottland.

Der Sprung von der Geschichte in die Gegenwart vollzieht sich abrupt – geradezu schmerzlich bildhaft. Ich passiere die Siedlung »Broadford«. Graue, kasernenartige Wohnblocks: Auch das ist Skye! Doch ein Anblick wie dieser sollte sich nicht wiederholen.

Nun radle ich die Insel quasi buchstabengetreu ab – entlang des Schriftzuges auf meiner Karte: »Island of Skye«! Besäße ich eine gälische, so stünde darauf: »Eilean Sgiathanach«, oder »Eilean o Cheo«, »Insel des Nebels«. Später stoße ich noch auf weitere Bezeichnungen. In alten irischen Chroniken wird sie »Scia« genannt, in den nordischen Sagas »Skidh«. Ob nun englisch, keltisch oder nordisch, die Insel ist der Inbegriff schottischer Natur und schottischer Geschichte. Da kommt ein neugieriger Radler voll auf seine Kosten.

Mein Lagerfeuer soll an diesem ersten Hebriden-Abend hinter den »Cullin-Hills« brennen. Wer es üppig mag, für den mögen diese Berge nichts sein. Sir Walter Scott schrieb über sie:

»Nor tree, nor shrub
nor plant, nor flower
nor aught of vegetetion power ...«

Es sind wirklich »nackte Schönheiten«, diese Cullins! Maler und Bergsteiger reizen sie deshalb wohl gleichermaßen. Schade, daß es keine »Gratstraße« für Radler gibt.

Als ich bei Kylerhea die kleine Fähre verließ, war mir bewußt, welchen geschichtsträchtigen Boden ich betrat. Die Söhne der Insel kämpften für den Marquis of Montrose, für König Charles II. zogen tausend von ihnen in die Schlacht von Worcester, in der der König von Cromwell besiegt wurde, – nur dreihundert kehrten zurück. Am Paß von Killiekrankie wehte die Fahne der MacDonalds von Skye. Doch aller Kampf um Freiheit und Unabhängigkeit nützte wenig. Die Rache der Engländer war fürchterlich. Das Schicksal des Clan Rassay steht für das anderer: Alle Schafe, Kühe und Pferde wurden abgeschlachtet, die gesamte Ernte vernichtet, die Boote zerstört, die Häuser angezündet. Die Familien fielen in bitterste Armut zurück.

Wenngleich Kampf Männersache war, kann man diese Insel doch nicht bereisen, ohne dabei auf den Namen einer Frau zu stoßen: Flora MacDonald. Nach der verlorenen Schlacht von Culloden half sie dem letzten Stuart bei seiner Flucht. Sie versteckte ihn, schmuggelte ihn als ihre Magd verkleidet an seinen Häschern vorbei. Die Unsumme von 30000 Pfund (nach heutigem Wert weit über 1000000 DM) war auf den Kopf des Prinzen ausgesetzt. Nach langem Versteckspiel konnte er sich mit dem Schiff nach Frankreich absetzen. Seine Retterin hatte weniger Glück. Sie wurde verraten und inhaftiert. Seither hat Schottland eine Heldin: Flora MacDonald.

Es ist purer Zufall, daß ich – fast auf den Tag genau 250 Jahre nach diesen Ereignissen – dem Fluchtweg des letzten Stuart folge; und als mir eine lokale Zeitung in die Hände kommt, lese ich, daß die Menschen auf Skye jetzt ein Lied besonders häufig singen:

»Speed bonnie boat, like a bird on the wing
Onward the sailors cry!
Carry the lad that is born to be king
Over the sea to Skye ...«

Man gedenkt des letzten Stuart, sicher nicht ohne Wehmut.

Wenn die Zeit der Wildgänse gekommen ist, hat Schottland die Touristen-Saison längst hinter sich. Es sind ruhige Tage für mich auf Skye. Bummelfahrt entlang Loch Harport. Motivsuche mit der Kamera. Nur vorübergehend ist es aus mit der Beschaulichkeit. Ich habe *Dunvegan Castle* erreicht! Selbst jetzt noch drängen sich die Besucher am Kassenhäuschen. John MacLeod of MacLeod, der 29. Chief des Clans, hat gut lachen. Jeder, der den Eingang passiert, bringt fünf Pfund in die Tageskasse. Das summiert sich! Ich blicke eher neidlos auf den »Goldesel« *Dunvegan Castle*. Die Familiengeschichte der MacLeods beeindruckt mich mehr: Olav der

Skye geizt nicht mit Fotomotiven.

Schwarze... Wikingerblut..., achthundert Jahre Chronik hinter grauen Mauern. Als ich es dann genau wissen möchte, bekomme ich ein »Sorry!« zu hören. Das Buch über den Clan MacLeod ist seit Jahren vergriffen.

Doch nicht die Geschichte aller Männer, die den Namen dieses Clans tragen, glänzt. Für so manchen bleibt nur der Stolz auf die Abstammung. »Bin ich auch nicht reich, so bin ich doch ein MacLeod!« Diesen vielzitierten Ausspruch könnte auch der Grocer Lexander McLeod tun. Der Gemischtwarenhändler von Dunvegan hat es ungleich schwerer als der Chief – schwerer auch als die Konkurrenz; denn Hotels und Touristenshops dominieren am Ort.

Weil mich das Wetter so verwöhnt, radle ich zurück nach Loch Bracadale. Mehr die Neugierde als der Hunger treibt mich wieder in eine Grocery. Ich staune, als ich in den Regalen »echtes Indianerbrot«, »Tomaten aus Holland« und »Braeburn-Äpfel aus Neuseeland« liegen sehe. Auf einer üblichen Karte mag man das Dorf Bracadale vergeblich suchen. Der Ladenbesitzer empfindet das ganz anders. Er bietet »European market«. Auf das ungewöhnlich schöne Wetter angesprochen meint er: »Haben Sie ein Glück! Vor einer Woche hätten Sie hier sein sollen – oder bleiben Sie noch eine, wenn Sie richtig naß werden möchten. Das Wetter wird zurückfallen in den alten Zustand.«

Ich weiß, was das bedeuten könnte. Ein gälisches Sprichwort umreißt Hebriden-Wetter so: »›Tage der sieben Stürme‹ – mit Wind und Regen, Schneefall und Blizzard, Donner, Blitz und Hagelsturm.« Ich habe die Warnung des Mannes durchaus verstanden! Etwa eine Woche bleibt mir noch, dann zieht sich das Nordmeer-Hoch zurück. Ihm folgt das nächste Islandtief, und mit ihm vielleicht die ersten Herbststürme. Es wäre an der Zeit, langsam die Insel zu wechseln. Draußen im Atlantik warten noch viele Eilande.

Während der Fahrt über Skye war mir nicht entgangen, daß die Insel ihre besondere geologische Geschichte hat. An Böschungen klafften manchmal »brandige Wunden« mit rötlicher Vulkanschlacke. Auf den Weiden ragten Lavabrocken aus dem Boden, die, wären sie nicht bereits bemoost, wirkten, als seien sie soeben erst vom Himmel gefallen. Dieses »Soeben« mußte schon eine Weile zurückliegen. Einer, der es genau weiß, ist Dougie Ross.

Ich hatte bei einem Cottage gehalten, in dem hiesige Fossilienfunde ausgestellt sind. Ein Junge stoppt das Auto, welches gerade losfährt: »Dougie! Da ist jemand!« »Im letzten Moment erwischt!« denke ich. »Glück muß man haben! – Hallo Dougie Ross!

Ich bin Christian ..., hatte von Ihnen gehört ...« Wieder einmal erhalte ich Geschichtsunterricht, wie er in keinem Reiseführer steht:

»... Skye noch ein Teil des Kontinents, dicht bewaldet, von Sauriern besiedelt ... später vom Meer überflutet, von einem Meer voller Ammoniten. Der nassen Flut folgt die aus Feuer: Vulkanausbrüche. Eine bis 200 Meter dicke Lavaschicht erstickt alles Leben.«

Mehr als 150 Millionen Jahre Inselgeschichte auf wenig Sätze verkürzt. Dougie Ross hat allen Grund, auf seine Funde stolz zu sein. Was das Meer an der Küste jetzt unterhalb der Lavaschicht herausspült und was er mit seinem Freund David mit Hilfe von Hammer und Meißel zusätzlich freilegt, das beschäftigt seit einiger Zeit Wissenschaftler aus aller Welt. Radgroße, unbekannte Ammoniten, das älteste bisher gefundene Reptil – und jetzt auch noch Reste eines Riesen-Sauriers. Dougie Ross präsentiert mir seinen neuesten Fund. Er ärgert sich, daß die Presse den Knochen so unqualifiziert als »Monster-bone« bezeichnet hat. Aber Redakteure sind eben keine Paläontologen. Als er mir das »Saurierbein« zeigt, bitte ich ihn damit ans Tageslicht. Das brauche ich unbedingt auf Film – zur Dokumentation! »Danke, Dougie!«

Highland-Geschichte, Clan-Geschichte. Nun war ich eine Stunde lang in die Urgeschichte abgestürzt. Wieder auf der Inselstraße, genieße ich erneut die Gegenwart. Skye ist unglaublich schön! Berge, Schluchten, Klippen – bizarre Felsformen. Schönheit auch im Detail. Ein Haus: rotes Dach, rote Fensterrahmen, im Garten rote Fuchsien. Ein Stückchen weiter neues Rot: ein Traktor, eine alte Telefonzelle.

Wieder einmal schieben. Vor dem Berghang drei Vögel – zu groß für normale Greifvögel. Ein Farmer bestätigt mir meine Vermutung: Goldadler, ein Elternpaar mit seinem Jungen. Der Mann meint: »Wenn Sie Glück haben, können Sie hier einen Adler auf einem Weidenpfahl sitzen sehen.« Seine Hunde sind aufgeregt. Gleich gibt es Arbeit für sie. Die Wolle mußten die Schafe schon hergeben, nun gilt es die Haut zu Markte zu tragen. Sie sollen eingefangen werden. Eine Weile schaue ich zu, wie die Hunde, von den Pfiffen des Farmers dirigiert, hin- und herwieseln. Kein Schaf hat eine Chance, sich zu verdrücken. Schade!

Weiter berganschieben. Auf halber Höhe ein Friedhof. Das nächste Dorf tief unten im Tal. Hier oben herrscht nicht nur übliche Stille, sondern wirklich »Totenruhe«. Eine letzte mühevolle Serpentine. Ein Blick zurück. Skye liegt mir zu Füßen!

Nun brauche ich nur noch zu lenken. Wie ein Pferd den Weg zu seinem Stall, so findet mein Rad von selbst den Weg hinunter zum Meer.

Vulkane wie »The Storr« verschütteten Leben und schufen neue Landschaftsbilder.

Skyes Berge sind eine Prüfung für die Beinmuskeln.

Ein letzter Abstecher: Kilmuir! Auf dem Friedhof ein keltisches Grabkreuz. Hier ruht Flora MacDonald, die »Heldin des Highland«. Man wird in diesen Tagen hier nicht nur den »Skye Boat Song« singen, sondern sich auch eines Gedichtes erinnern:

»... He rests at last in far-off Rome
And you in your blest island tomb ...«

Warum endet schottische Geschichte immer so traurig? Hätte das Land noch keinen Namen, ich taufte es »Land der Tränen«.

Wenige Stunden später endet für mich eine Insel, von der es heißt, man solle auf Reisen immer ein Stückchen Eisen bei sich tragen – um sich die Elfen günstig zu stimmen. Ginge es danach, so wäre Radlern hier der Schutz der Elfen immer gewiß. Haben sie doch so manches Stück Metall im Gepäck: Werkzeug, Reservekette, Ersatzschrauben ...

Im Hafen von Uig umkreisen Seehunde die dort vor Anker liegenden Fischerboote. Die Tiere haben gelernt, daß die Fischer nach der Rückkehr vom Fang so manchen Bissen für sie über Bord werfen. Auch durch das Einlaufen der Fähre lassen sie sich nicht stören. Ich habe inzwischen eine Formalität erledigt, den Ticketkauf. Das Papier ist fast einen halben Meter lang. Schottland an seiner Peripherie: Das heißt Inselspringen, und damit x-facher Fährenwechsel. Sollte es dort draußen im Atlantik ähnlich werden wie auf den Orkneys? Bald würde ich es wissen.

Über Landschollen, die im »Sturm« zerbrachen

Für die Wikinger waren die Hebriden die »Inseln am Rande des Meeres«. Ihr Versuch, so die Sage, sie näher an Norwegen heranzuziehen, mißlang. Ein Sturm ließ das Tau reißen. Die Inseln zerkrümelten noch mehr. Was übrigblieb, nennt sich heute: »Lewis«, »Harris«, »Uist«, »Barra« …

Gäbe es noch einen Ausguck im Mastkorb, käme von dort oben schon nach kurzer Fahrt der Ruf: »Land in Sicht!« Der Kapitän mag den Weg durch die vorgelagerten Schären und Holme bereits im Schlaf kennen. Souverän gleitet das Schiff durch »East Loch Tarbert«. Routinefahrt!

Die Hafenstadt wird sichtbar. Stadt? Eher eine Gruppe Häuser, um einen Anleger herumgebaut. Schiffe setzen hier die Maßstäbe. Unsere Fähre ist größer als die Kirche.

Ich bin *nicht* überrascht, daß mich schon der erste, dem ich begegne, grüßt: »Beautiful day!« Ja, es ist ein ausgesprochen schöner Tag! Blauer Himmel über Lewis. Allzu häufig dürfte das nicht vorkommen. Die nächste Freundlichkeit einem Fremden gegenüber: Ich erkundige mich nach dem Postamt. Doch man erklärt mir nicht den Weg, man führt mich hin. Drinnen geht es so weiter. Orkneyliteratur und überflüssig Gewordenes soll nach Hause geschickt werden. Die Frau am Schalter organisiert für mich einen gebrauchten Karton. Sie übernimmt auch das Verpacken. Kundendienst im Sinne des Wortes. Zwei Schulmädchen kommen herein. Sie möchten keine Briefmarken kaufen, sondern welche abliefern, gebrauchte aus der privaten Korrespondenz. Im Postamt von Tarbert steht eine Schachtel für Briefmarkenspenden. Der Erlös dient der Wohlfahrt.

Es sind keine großen Eindrücke, die ich während meiner ersten Inselminuten sammle; aber sie zeigen mir deutlich, daß diese kleine Welt angenehm weit von der unseren entfernt ist – nicht geographisch, eher menschlich. Draußen auf der Straße wieder ein Handzeichen: »Hallo!« Dieses Mal füge *ich* ein »Beautiful day!« hinzu.

Auf Reisen gibt es so etwas wie »Liebe auf den ersten Blick«. Es ist ein Bazillus. Er kann »Lappland« heißen, oder »Irland«, »Schottland« oder »Island«; für andere vielleicht »Südsee«, für ganz Verwegene »Wüste«, für der Natur Entfremdete vielleicht auch: »Las Vegas« ... Es ist gut so! Denn dadurch umwerben nicht alle Liebhaber dasselbe; und ich glaube, es hat mich wieder erwischt! Schon nach wenigen Inselkilometern weiß ich: Du wirst eines Tages hierher zurückkommen – auch wenn sich kein blauer Himmel über den Hebriden wölben sollte.

Ich bummle auf der Straße, die nach Norden führt. Eine Info-Tafel: Inselgeschichte für Reisende, die Zeit zum Anhalten haben. Im Westen, vor der Küste, liegt das Eiland »Scarp«. Bei der Niederkunft einer Frau gab es Probleme. Schweres Wetter verhinderte, daß der Arzt übersetzte. Ein 85jähriger brachte die Gebärende im Boot zur Hauptinsel. Auf dem Boden eines Busses liegend, gelangte die Frau ins nächste Krankenhaus, wo es zur zweiten Geburt kam. Das ganze geschah Silvester. Seither kennt die Welt Zwillinge, die auf zwei verschiedenen Inseln – und jeder in einem anderen Jahr geboren wurde.

Dann das Problem mit der Post. Das Wetter bestimmte die Zustellung, und nicht selten verhinderte es sie auch. Ein deutscher Ingenieur wollte den Leuten helfen. Seine Idee: Die Post mit einer Rakete von Insel zu Insel zu schießen. Doch das Unternehmen *Western Islands Rocket Post* mißlang. Schon der erste Versuch endete mit einer Explosion. Seither zahlen Sammler Liebhaberpreise für diese Raketenbriefe »mit Brandspuren«. Geschichten, wie sie sich nur am Rande Europas zutragen können.

Ich biege ab zur alten Walfangstation. Viel ist davon nicht mehr zu sehen. Die spärlichen Ruinenreste machen es schwer, die Anlage gedanklich zu rekonstruieren. Damals interessierte man sich nur für den Tran; doch was geschah mit den Abfällen? Tausende Tonnen Walknochen müssen angefallen sein. Heute würde man sie zu Futter- oder Düngemittel verarbeiten, aber vor hundert Jahren? So deute ich die kleinen grasbewachsenen Hügel rund um die Station richtig. Ein wenig Stochern mit der Stiefelspitze bringt den Beweis: Da liegt der »Abfall«! Ich buddle ein Stück Walknochen vollständig aus und klemme es mir aufs Radgepäck – mein erstes Hebriden-Souvenir.

Das hatte ich nicht erwartet: Berganschieben auf einer Moorinsel. Fast achthundert Meter hoch ist der »Clisham«, über fünfhundert seine Nachbarn. Absteigen kratzt da nicht an der Radlerehre. Von oben der weite Blick über einen verzweigten Fjord und über viel leeres Land. Natur zum Einatmen!

Rollen zurück auf Null. Im Windschutz eines Hanges wird der Versuch einer Aufforstung gemacht. »Weg von den Weststürmen, weg von der Salzluft«, heißt die Anpflanzregel. Wenige Kilometer weiter ein Endresultat: Tausende abgestorbene Bäume. Tod oder Überleben, Diktat der Natur! Die Hebriden werden wohl waldlos

Eine rauhe Natur prägt hier das Leben des Menschen. Abgestorbener Wald auf Lewis.

bleiben. Auch ich beuge mich der Natur. Selbst unter blauem Himmel ist das Zelten auf nassen Moorwiesen kein Vergnügen. Sicher dürfte es irgendwo ein »trockenes« Bett für einen Radler geben.

Das Bed & Breakfast-Angebot ist auf den Inseln schon zu normalen Zeiten spärlicher als auf dem Festland, und jetzt im September dürften die meisten Schilder bereits abgehängt sein. Trotzdem werde ich fündig.

Ich lande bei den Mackays. Irene – das Du ergibt sich wie so häufig von selbst – entschuldigt sich: »Wir hatten gar nicht mehr mit Gästen gerechnet! Hoffentlich kann ich dir was zum Essen anbieten. Morgen früh muß ich gleich einkaufen gehen.« Sie kann! Es finden sich ein Stück Käse, Brot und ein Glas eingemachte Rote Beete. Nicht Überfluß zählt, sondern Gastfreundschaft.

Irenes Mann, Norman, hatte meine Frage, ob er von Lewis

stamme, mit einem lachenden »Back to the roots!« beantwortet. Dieses »Zurück-zu-den-Wurzeln« erklärt er mir nun. Seine Eltern waren ausgewandert. Er selbst wurde in Australien geboren. Aber er verwirklichte sich den Traum: Leben im Land der Vorfahren. So kehrte er auf die Hebriden zurück. Er nahm das aufgegebene Land seiner Eltern wieder in Besitz, steckte es neu ab, schlug Pfähle ein, spannte Draht. Das Geld reichte anfangs nur für eine Kuh. Doch das Tier war zunächst wichtiger als ein Dutzend Schafe, die er für die gleiche Summe hätte kaufen können. Eine Kuh liefert Milch – täglich! »Ja und dann«, meint Norman nachdenklich, »habe ich Torf gestochen – wie meine Eltern, wie deren Eltern, wie… Back to the roots!« umschreibt er noch einmal die Erfüllung seines Wunschtraums.

Norman Mackay hatte den fremden Radler richtig eingeschätzt. Penetrant neugierig war der. Das bewiesen schon seine Fragen: »Wenn man keinen eigenen Torfstich hat, kann man dann einen pachten?« »Wie ist der Landbesitz auf Lewis geregelt?« »Was sind das für lange Hügelreihen in den Wiesen?« Bereitwillig wurde ich von ihm aufgeklärt. Das Gebiet um Loch Seaforth – in ihm liegen neun Dörfer – gehört jetzt zwei englischen Ladies; einen Torfstich von zweieinhalb acre[14] konnte man für sieben Pfund im Jahr pachten; die seltsamen Geländeformen in den Wiesen waren »lazybeds«, eine Art Hochbeete. Früher pflanzte man auf ihnen Getreide und Kartoffeln an. Die bessere Drainage gegenüber dem Grasland erhöhte die Fruchtbarkeit des Bodens. Doch diese »Gärten«, so betonte Norman, gehörten schon lange der Vergangenheit an.

Als es Zeit zum Schlafen ist, drückt er mir ein paar Hefte in die Hand: »Das wird dich vielleicht interessieren. Da drinnen findest du Antworten auf ›noch mehr‹ Fragen!« Die Bemerkung ist scherzhaft gemeint. Ich überfliege die Titel: *Natural Environment, History of Settlement, Celtic Culture*. Jetzt bleibt die Frage: schlafen oder lesen?

Der nächste Tag beginnt still. Keine Industrie, die Verkehr als Pulsschlag braucht, keine Menschen, von Uhren angetrieben. Ich stehe am Fenster und blicke hinunter auf Loch Seaforth. Viel ist noch nicht zu erkennen. Der Herbst hatte seinen Vorboten geschickt, Nebel. Nur langsam gibt dieser die Landschaft frei, wie ein Vorhang, der im Zeitlupentempo aufgezogen wird. Das Bühnenbild heißt »friedvolle Stimmung«. Eine Gruppe Kühe steht dicht gedrängt, als suche jedes Tier die Nähe des nächsten. Krähen in lautlosem Flug. Am gegenüberliegenden Ufer des Fjordes werden die Ruinen eines Dorfes sichtbar. Geschichtszeugen. Unten auf der

Es sieht nur furchteinflößend aus: ein schottisches Hochlandrind.

Straße das erste Auto. Der Fahrer hat Heuballen geladen – nicht nur im Kofferraum, dessen Deckel klafft, sondern auch im Fond, ja selbst auf dem Beifahrersitz. Wenn das Auto nicht zur Statusfrage geworden ist, trägt es vieles: Heu, Stroh, Torf, Treibholz, junge Lämmer – oder die ganze Familie zum Kirchgang.

Wieder einmal Händeschütteln. Norman Mackay hat sich zum Abschied etwas ausgedacht: »Wie wäre es mit einem Stück ›piet‹ als Souvenir? Gestochen, gestapelt, getrocknet wie vor hundert Jahren!« Für mich ist das Stück Torf das seltsamste Geschenk, das ich je erhalten habe.

Die Insel Lewis ist nichts zum Rekorde-Fahren. Schon bin ich in Stornoway. Hafenstädte haben Begleiterscheinungen. Selten sind sie sauber. Stornoway ist es! Waren für mich bisher die Häfen der Lofoten am malerischsten, so werde ich nun in meiner Überzeugung schwankend. Hier auf Lewis liegen die schönsten Boote. Es sind alte Holzpötte, noch echte Schiffbauerarbeit: schwarz, blau, rot, grün bemalt – in Farblagen wie Jahresringe. Neben der *Saffron* dümpelt die *Wave Crest*, an kurzer Leine die *Chrysolite*... Zwanzig Boote mögen es sein, eine bunte Flotte voller Fanggeschichte.

Schauen, bummeln, die üblichen Erledigungen; dann geht es weiter an die Westküste: Lewis diagonal. Daß die Wikinger einst hier das Sagen hatten, das zu erfahren, braucht man nicht in Geschichtsbücher zu schauen. Die Straßenschilder zeigen es noch heute. Endsilben wie »sta«, oder »stadir« stehen für das nordische Wort »Farm«; eben habe ich »Laxdale«, den Lachsfluß im Tal, passiert; später folgt »bru«, Brücke. Doch auch andere Geschichte hat sich auf Lewis erhalten: die des Torfes.

Die Landschaft weitet sich. Moore bis zum Horizont. In den »cuts«[15] emsiges Treiben. Von Norman Mackay weiß ich, daß eine

Die Winterration »Piet« wird eingefahren.

Familie etwa 10 000 Stück »Piet« für eine Heizperiode benötigt. Im Mai hatte man den Torf gestochen. Am Rand der Stiche gestapelt, war er nun durchgetrocknet. Jetzt konnte man ihn einfahren und hinter dem Haus zum »cruach« aufschichten. Immer wieder begegnen mir Traktoren mit hochbeladenen Anhängern. Oft sind es Oldtimer. Doch was hier für Autos gilt, gilt erst recht für Zugmaschinen: keine Modellfrage!

Ich weiß: Wenn ich bei einem der Torfstiche auch nur anhielte, provozierte ich damit ein Gespräch. Wie recht ich hatte! Torf-Unterricht für einen, der zu Hause auf sandigem Geestrücken wohnt:

Manchmal steht der »Piet« fünf Fuß hoch, doch wenige Yards weiter sind es nur ein paar Inch. Darunter lauern Gneisknollen. Sie killen jeden Torfhobel. Also bleibt alles beim alten, man sticht »per Hand«. Die schwerste Arbeit ist die Beseitigung der Deckschicht aus Heidekraut und Gras. In der Tiefe schneidet der Spaten wie durch Speck. Einer der Männer wirft mir ein Stück Torf zu: »Black layer! Das Beste! Heizwert fast wie Kohle!« Ich möchte den Leuten den Zeitverlust, den sie meinetwegen haben, ausgleichen und biete ihnen meine Mitarbeit an. Doch sie lehnen freundlich ab: »Nicht nötig! Schon okay!« Ihr »Beautiful day« zum Abschied heißt wohl soviel wie: Torf-Erntewetter ist auch Radlerwetter. Ich sollte es nutzen!

Moore, nichts als Moore. Überall reges Treiben. Was hat sich gegenüber früher geändert? Wenig! Nur Traktoren gab es damals noch nicht. Wenn man sieht, wie die Menschen bei der Sache sind, wie die Torfernte noch immer ein soziales Ereignis ist, an dem Jung und Alt teilhaben, so kann man nachempfinden, daß jene, die in die Emigration getrieben wurden, allein beim Gedanken an ein Torffeuer Heimweh bekamen.

Man muß sich schon bis an den Rand Europas begeben, um auf eine Insel zu stoßen, auf welcher der nächste Nachbar an der gegenüberliegenden Küste wohnt. Mit der Strecke Stornoway-Barvas hatte ich so eine Fahrt durch Nur-Natur gewählt. Jetzt riecht es wieder nach See! Häuser werden sichtbar, artig aufgereiht. Die »Nachbarn« der Ostküstenbewohner.

Es heißt, daß die Menschen hier ihren Besitz nicht zur Schau stellen, um anderen damit zu imponieren; daraus resultiere eine gewisse »Unordnung«. Ein weiterer Grund für diese sei, daß die Leute nichts wegwerfen. Alles läßt sich vielleicht noch einmal gebrauchen. Und wo sich Generationen mit dieser Einstellung ablösen, da kommt es zwangsläufig zu pittoresken Ansammlungen. Jetzt stehe ich vor dem lebhaften Beweis.

Das Dorf heißt »Arnol«. Zwanzig oder mehr Häuser liegen in

Trümmern. Sehr alte, alte, weniger alte. Selbst die Hauptstraße eine Ruinenstraße – in der sich die Telefonzelle der *Britisch Telecom* wie ein futuristisches Gebilde ausnimmt. Was hier zwischen wenig Neuem zerfällt, sind sogenannte »blackhouses«. Eines von ihnen hält man als Museum intakt. Doch gerade heute sollte es seinen schwärzesten Tag haben.

Ich finde die Tür verschlossen, und nur mein Argument, ich sei mit dem Fahrrad extra hierhergekommen, um eines der letzten »blackhouses« zu sehen, verschafft mir Zutritt. Die Frau ist dem Weinen nahe: »Es war alles geregelt... wo das Stroh und das Heidekraut herkommen sollten, die Jungens wollten schon mit der Arbeit beginnen... jetzt legt sich jemand quer!« Sie zeigt auf die hintere Dachflanke. Dort fehlt die Deckung. Mein Blick geht zwischen den krummen Sparren hindurch himmelwärts. Ich verstehe nicht den Kern des Problems, begreife aber, daß hier schnell etwas geschehen muß. Der nächste Regen kommt bestimmt. »Haben Sie schon einmal so etwas gesehen?« klingt es hinter mir. »Wissen Sie, was das bedeutet? Das ist schrecklich, so schrecklich!« Jetzt weint die Frau richtig. Ich habe verstanden! Jene Mary-Anne Calder kannte noch Menschen, denen man das Dach von ihrer Hütte gerissen hatte, um sie unbewohnbar zu machen. »Unroofed« oder »roofless« – das ist noch heute für manchen Schotten mehr als nur ein bauliches Problem. Dieser Zustand hat Symbolwirkung. Bei einem solchen Anblick wird die Zeit der »Clearances« wieder lebendig. Diese Frau weinte, weil die Geschichte – auch wenn sie die Zeit der Landvertreibung nur vom Erzählen her kannte – sie eingeholt hatte. Das »blackhouse« von Arnol war »roofless«, und fehlten auch nur fünf Quadratmeter Dachdeckung.

Stumm gehe ich durch die fensterlosen Räume. Mauern ohne Mörtel, aus Steinen, wie die Natur sie anbot. Torf zur Isolation. Die Dachdeckung aus dem, was draußen wuchs. An Mobiliar das Nötigste, das Zweckmäßigste. Eine nackte Glühbirne symbolisiert den Einzug der Moderne. Sie hat die Öllampe abgelöst. Noch 1964 war das Haus bewohnt. Man bedenke: Schon Jahre früher kreiste der erste Mensch im All. Die Schwelle eines solchen »blackhouse« zu betreten, ist wie ein Schritt in ein anderes Jahrhundert. Als ich Arnol wieder verlasse, bin ich beruhigt. Noch heute abend will die Gemeinde zusammenkommen. Man wird abstimmen. Der Zustand »roofless« wird schnellstmöglich beseitigt werden.

Es bleibt beim Geschichte-Sammeln. Am Straßenrand fotografiere ich einen riesigen Walkiefer. Er überspannt eine alte Zufahrt. Vom Knochenbogen herab hängt die Harpune, mit der man das Tier torpediert hatte. Doch die Zeiten fetter Fänge sind längst vorbei; heute lohnen nicht einmal mehr die »Silver-darlings«. Wenige Kilometer weiter der Hinweis auf eine »nordische Mühle«. Das Besondere an ihr: Die Steine mahlen in der Waagerechten. Doch die Annahme, daß dies eine Erfindung der Wikinger sei, wurde später widerlegt. In Irland kannte man diesen Mühlentyp schon Jahrhunderte früher, in China womöglich schon vor Jahrtausenden.

Zur Geschichte gehört eben das Irren.

Weiter geht es zurück auf der Zeitschiene. Der »Broch von Carloway«. Festung, Fliehburg oder nur Wohnturm? Die Wissenschaft deutet noch. Wehrhaft sehen sie alle aus, diese »brochs«, und ihr Anblick läßt vermuten, daß sich damals nicht nur willkommene Gäste den Rundbauten näherten.

Keine Radlerstunde ist es bis zum nächsten geschichtlichen

Der riesige Walkiefer über der Toreinfahrt erinnert an die Zeit »großer Fänge«.

Jungsteinzeitliche Flieh- oder Wohnburg: ein »Broch«

Zeugen. Denn ähnlich wie auf den Orkneys kann auch eine Tour über Lewis schnell zum »Fall in die Vergangenheit« werden. Ich habe das Glück des Augenblicks. Die untergehende Sonne hebt die »Monolithen von Calanais« über die Landschaft empor. Das Bild, das sich mir bietet, mag einst der Keim für die Sage gewesen sein, daß es sich bei den Steinen um Riesen handle, die vom heiligen Kilian verwandelt wurden, weil sie das Christentum ablehnten. Später versinken die »erstarrten Gestalten« in der Nachtschwärze. Viertausend Jahre Schweigen lagen schon über dieser Stätte. Nun kommt eine stille Nacht hinzu – ein winziges Zeitmaß.

Das Morgenlicht läßt die Monolithen quasi wieder auferstehen. Lage, Form und Größe machen die steinzeitliche Kultstätte zur wirkenden Einheit. Den Grundriß einer Kathedrale oder eines

Die steinzeitliche Kultstätte von Calanais

zweifachen keltischen Kreuzes kann man aus ihrer Anordung ablesen. Riesig in den Dimensionen: hundert Meter lang, fast fünfzig Meter breit. Beinahe hätte die Natur der Menschheit dieses Erbe verheimlicht. Als man die Anlage entdeckte, ragten nur noch die Spitzen der größten Monolithen aus dem Heidekraut. Torf wächst schnell – in Jahrhundert-Zeitsprüngen gerechnet. Metertief trug man den »Piet« ab. Am Ende stand man vor einem zweiten *Stonehenge*. Und wieder hatten es die Steinzeitmenschen unseren Wissenschaftlern schwergemacht. Wenn neuere Computerberechnungen stimmen, dann finden sich in der Anordnung der Monolithen ein Dutzend astronomische Linien wieder. Zur Geschichte gehören Irrtümer, zur Wissenschaft das Staunen.

Mein Inselkreis schließt sich. Torfgeschichte, Siedlungsgeschichte, Bronzezeit, Steinzeit. Was so eine kleine Welt nicht alles in petto haben kann! Noch einmal das Haus der Mackays. Loch Seaforth, die Steigung am Clisham – jetzt von der Rückseite. Dieses Mal liegt im Hafen von Tarbert keine Fähre. Heute ist die Kirche »das Größte« am Ort.

Rechts »West Loch Tarbert«, links »East Loch Tarbert«. Inselspringen ohne Fähre! Eine schmale Landbrücke macht es möglich. »Harris« heißt das Eiland. Jeder, der hier lebt, kennt den Begriff »Clo more«. Damit ist jener Wollstoff gemeint, der seit Generationen auf Harris gewebt wird. Von den Torfstechern zu den Webern? Ich will es versuchen.

In meiner Karte steht der Name einer Frau: Marion Campbell. Von etwa 750 Webern auf den Hebriden soll sie die letzte sein, die noch nach uralter Methode arbeitet. Sie webt mit bloßer Muskelkraft am hölzernen »loom«. Sie beherrscht noch das »A dath«, das Färben der Wolle mit Hilfe von Heidekraut, Torf und Flechten. Und sie soll »eigen« sein! Nicht weil die englische Königin sie mit der *British Empire Medal* ausgezeichnet hat, sondern als Ergebnis langer Lebenserfahrung. Marion Campbell »beurteilt« die Menschen. Wer durchfällt, so sagt man, dem verkauft sie kein Inch Tweed. Also steht mir eine »Prüfung« bevor. Doch wie schon so oft sollte alles anders kommen.

Marion Campbell wohnt angeblich in »Plocrapool«: kein richtiges Dorf, eher eine Handvoll Häuser, zwischen die Felsen geworfen. Ich frage den erstbesten, der mir über den Weg läuft: »Wo finde ich …?« Die Antwort des Mannes trifft mich wie ein Schlag: »Sorry, she has passed away!« Marion Campbell ist tot! Das Zeitrad läßt sich nicht anhalten! Aber als ich mit dem Mann ins Gespräch komme, erfahre ich, daß die alte Weberin ihr Wissen an eine junge Frau weitergegeben hat. Diese »young lady« müsse ich ausfindig machen, wolle ich mehr erfahren. Leider kann er mir hier nicht weiterhelfen.

Die Straße, die ich wähle, hat das Format eines Feldweges. Mit dem Unterschied, daß sie nur aus Kurven besteht und sich dabei von Felsbuckel zu Felsbuckel krümmt. So einen Parcours hat man selten unter den Rädern. Die Presse nannte sie bissig »Golden Road«, da ihr Bau unverhältnismäßig teuer war – gemessen am Resultat. Bot sie doch lediglich ein paar Webern und Fischern die Anknüpfung an die Zivilisation. Warum, so wohl der Gedanke in den Redaktionen, konnten diese Leute nicht weiterhin über bessere Trampelpfade ihren Weg finden? Wer Harris kennt, mit seinem Gewirr aus Felsen und Moorheiden, der wünscht einem so lästernden Redakteur, daß man ihn hier mit dem Hubschrauber absetzt und ihm dann den Rat mitgibt: »Look for your way!«

Für einen Radler ist die »Goldene Straße« ein wahres Glanzstück. Hinter jeder Kurve wechselt der Ausblick. Klippen, Seen, Meeresbuchten, wuchtige Felsen. Vor jedem Buckel fragt man sich: »Was kommt dahinter?« Und immer ist man überrascht.

Am Abend gerate ich an Mrs. MacLeod. Als ich den Namen höre, fällt mir sofort der Spruch wieder ein: »Bin ich auch nicht reich, so bin ich doch ein MacLeod!« Der Name hat Klang auf der Insel. Waren es doch MacLeods, die Harris von den Wikingern übernahmen. Fünfhundert Jahre lang galt hier nur ihr Wort. Ina MacLeod gehört noch zu den Menschen, die bei der Arbeit singen, ein Zeichen, daß sie sie nicht als Last empfindet. Sie beherrscht das Weben ebenso wie ihr Mann. Wenngleich ihr Webstuhl auch nicht mehr ein »Loom« wie der Marion Campbells ist, stehe ich doch vor einem rasselnden Unikat, das von moderner Webtechnik so weit entfernt ist wie ein ICE von einer Dampflok. Was für die MacLeods gilt, gilt für fast alle Weber auf den Hebriden.

Das Festhalten an Altem verhindert, daß moderne Technik zum Totengräber der Tradition wird. Es ist eine fast zwingende Folge, daß ich nach zwei Tagen Rast das Haus mit einem Stück Tweed, einem Beutel Flechten und einigen Wollproben verlasse. Außerdem weiß ich jetzt, wie die Frau heißt, die das Erbe von Marion Campbell angetreten hat, und wo ich sie finden kann.

Eine fast Neunzigjährige wollte ich am Webstuhl besuchen. Nun stehe ich einem Twen gegenüber. Anne ist gerade mal Mitte Zwanzig. Ihr Werkzeug ein »Loom«, pur Holz, pur Handbetrieb, dazu ein hundert Jahre altes Spinnrad. Doch ihr eigentliches Kapital: das Wissen, das ihr Marion Campbell vermittelt hat.

Annes »Weberei« ist ein alter Schuppen, halb Blech, halb Holz – an keiner Ecke winddicht. Im Winter durfte man in so einer Behausung die Arbeit nicht unterbrechen, sonst begann das Frieren. Die junge Frau hört sich geduldig meine Fragen an, klärt mich auf, gibt mir Wollproben und Farbmuster. Und das Wichtigste, sie zeigt mir die Arbeit am »Loom«. Anne kann stolz von sich behaupten, die einzige Weberin auf den Hebriden zu sein, die ganz nach altem Brauch Tweed fertigt. Ein schönes Erbe!

Natürlich kaufe ich ihr ein Stück Stoff ab – aus handverlesener Wolle, gefärbt, gesponnen, gewebt wie vor Generationen. Seine Farbtöne sind die der Insel: das Grün des Grases, das Braun des Torfes, das Grau der Felsen. Wenn ich mir zu Hause daraus eine Weste schneidern lasse, dann gilt für sie der schöne gälische Spruch:

Alles Natur, alles per Hand! Die junge Anne am hölzernen »Loom«.

»Gu meal thu e,	»Magst du dich daran erfreuen,
Gun caith the e,	magst du es tragen,
Gun ceal thu e,	magst du es auftragen,
Gum faigh thu e	bis du der Ansicht bist,
'Na stricean,	(daß es) ein Lumpen ist,
'Na stróicean,	in Streifen (zerfallen),
'Na struaicean,	ein Lappen,
'Na striollagan!«	ein Fetzen!«

Nun kann mir kein Reiseführer mehr etwas über Tweed erzählen, über Hebriden-Tweed, über »Harris Tweed«. Ich könnte so manchen ergänzen. Zum Einfärben der Wolle nimmt man auch Iriswurzeln, Moos und Nesselblätter. Die bevorzugte Flechtenart, »crotel«, löst man am besten mit einem Löffel vom Fels. In alten

Zeiten gehörte zum richtigen »A' luadh«, dem Walken, ein ordentlicher Strahl Urin. Deshalb bekamen die Kinder viel zu trinken und wurden dann zum Pinkeln angehalten ... Es war – und ist noch immer ein langer Weg vom Vlies bis zum »Finish«, und das Endprodukt verdient seinen Namen: »Harris Tweed«.

Ich bin wieder auf Südkurs – noch immer die »Golden Road« unter den Rädern. Ihr Kurvenreichtum läßt die Insel um das X-fache länger erscheinen. Das Unangenehme: Am Himmel tut sich was! Wie eine Glucke auf ihren Küken hatte das Nordmeer-Hoch über Schottland gehockt. Eine Woche Sonne pur! Jetzt verdrückt es sich wieder, hennengleich. Der »Habicht« heißt »Orkantief«. Von Südwesten ziehen Wolken auf. Den Wolken folgt Wind, dem Wind Sturm. Wettersturz nach Hebridenart. Wenig später ist es

Sturm gehört zum Wettergeschehen der Hebriden.

mit dem Fahren vorbei. Das Rad entzieht sich der Kontrolle. Mein Regenanzug wird zur flatternden Fahne. Da hilft kein Taillengurt, keine kurzgestellten Stopper. Weil die Felsen den Sturm umleiten, scheint er von allen Seiten zu kommen. Alles will »fliegen«! Gebückt stemme ich das Rad vorwärts. Von der Landschaft sehe ich nicht mehr viel. Ein Steinmeer rechts und links, in Wasser gewickelt. Am späten Nachmittag erreiche ich den Ort Leverburgh. Das erste, was ich dort erfahre: Die Fährverbindung zur Nachbarinsel Uist ist eingestellt. Der Sturm bestimmt den Fahrplan!

Ich halte Ausschau nach einem »B & B«-Schild. Naß wie selten stehe ich vor der Tür. Die Frau lächelt das »Willkommen!«. Hier kennt man sie, die wettergebeutelten Fremden. Mein »I am Christian!« beantwortet sie mit: »And I am Chrissie!« Die menschliche Brücke bauen, wie mit geübtem Griff. Geübt auch Chrissies Gastfreundschaft. Wenig später hängt meine nasse Bekleidung über dem Herd zum Trocknen. Auch der Bauch bekommt, was er braucht: eine warme Mahlzeit. Beim Essen fällt mein Blick auf einen Wandspruch:

»Christ is the Head of this Home
The unseen Guest at any Meal
The silent Listener to every Conversation.«

Ich werde die religiöse Gesinnung meiner Gastgeberin respektieren müssen!

Chrissie, oder vollständiger Mrs. Chrissie Mackenzie (es gibt viele Mackenzies in Schottland und darunter wohl so manche »Chrissie«), begreift sofort, daß ich »anders« reise. Fragen und Antworten ergeben sich. Sie hilft mir sogar beim Übersetzen aus dem Gälischen. Dann ihr wichtigster Tip: Ich müsse, wenn das

Wetter es erlaubt, unbedingt zurückfahren nach »Rodel«, um mir die dortige Kirche anzuschauen. »Sicher, Chrissie! Ich werde das tun!«

Am nächsten Tag – die Fähre, so sagt man mir, wird wieder ausfallen – stürmt es zwar noch immer, aber der Regen hat nachgelassen. Ich will es versuchen. Weil mich der Sturm förmlich »trägt«, fahre ich sogar über Rodel hinaus. Wegen des gestrigen Wetters fehlt mir ein Stück Landschaft. Das Steinmeer erkenne ich wieder. Es wirkt, als hätten hier Riesen gekämpft, mit Felsen als Wurfgeschossen. Dann ein Haus, später ein zweites, ein drittes. Jedes von ihnen hat den Charakter einer Einsiedelei. Wäscheleinen zwischen Holzgalgen gespannt, ein Tisch aus Strandgut. Eine Frau hat die Plastikabdeckung eines »cruach« zurückgeschlagen und trägt »Piet« ins Haus. Es ist kalt geworden. Der Torf wird mehr als das Teewasser heizen müssen. Die Bilder zeigen lebendige Vergangenheit. »Herr Redakteur, mit dem Bau dieser Straße hat man den Menschen hier das Leben ein wenig leichter gemacht. Auch wenn Ihnen der Bau zu teuer erscheint!«

Wer windgetrieben zu weit fährt und wieder umkehren muß, der wird bestraft. Beim Luftholen bläht mir der Wind die Wangen. Doch bin ich bescheiden geworden. Wenn nur ein paar Schauer niedergehen, will ich zufrieden sein. Wasserrattengefühl dagegen wäre lästig.

Rodel! Die Einheimischen nennen es »Roghadal«, was so viel wie »Bestes Tal« heißt. Ein bißchen Viking, ein bißchen Gaelic. Auf den ersten Blick sieht man: Der Ort stirbt aus. Ein halbes Dutzend Häuser zähle ich. Hinter dem Hügel, auf dem die Kirche steht, werde ich weiter fündig. Ein rostiges Dach, ein eingestürztes, ein vom Sturm halb abgedecktes, dann eine Brandruine. Zwischen all den Trümmern entdecke ich eine Bar. Die Bar von Rodel, von Roghadal!

Eigentlich ist geschlossen, sagt mir der Mann hinter dem Tresen. Er habe jetzt eher Wachmann-Funktion. Das erbetene Glas Bier schenkt er mir trotzdem aus – Höflichkeit dem Fremden gegenüber. Doch zu einem Gespräch ist er nicht aufgelegt. Sein Gesicht zeigt es. Mit einem Blick kann ich drei Räume erfassen: die spartanisch eingerichtete Bar, einen großen, völlig leeren Flur und ein Zimmer, dessen Stuckreste am Kamin wirken, als hätte hier früher so mancher Ball stattgefunden. »Und wo ist das Mobiliar geblieben?« frage ich mich bei der Leere, die mir da entgegengähnt. »Doch nicht etwa in schlechten Zeiten im Kamin verheizt?« Ich trinke mein Bier aus und bedanke mich für den Sonderservice.

Draußen entdecke ich noch mehr Rodel. Einen Briefkasten, der offenläßt, ob er noch geleert wird, eine Messingplakette, die daran erinnert, daß Königin Elisabeth den Ort besucht hat – vor vierzig Jahren. Im Hafen, nennen wir ihn einmal so, ein Boot, ein einziges, die *Golden Rule*. Die Ebbe hat es auf den Kiel gelegt; und irgendwie paßt seine schräge Lage zu dem Gesamteindruck. Nein, Rodel ist kein Erlebnis, allenfalls ein rostiges. Oder doch? Jetzt wird auch noch der Regen stärker. Ich flüchte mich in die Kirche.

Mit wenigen Schritten bin ich in eine andere Welt eingetaucht! Die Kirche ist leer, leerer noch als das Bar-Haus, und doch, das weiß ich von Chrissie Mackenzie, verkörpert sie eine ganze Geschichtensammlung. Ich habe mich auf eine der Steinplatten gesetzt. In Gedanken füllt sich das graue Gemäuer. Dort drüben liegt »Alexander MacLeod VIII.«. Ich lasse ihn aus dem Grab auferstehen. Er trug den Beinamen »Crotach«, der Bucklige. Im Kampf

Die Kirche von Roghadal ist ein Ort voller Geschichte.

Das Grab von »Crotach«. Mehr als 20 Jahre wartete er in der Kirche von Roghadal auf seinen Tod.

mit den MacDonalds hatte er einen Hieb mit der Streitaxt abbekommen. Seither lebte er in dieser Kirche. Er hatte sein Grab schon vorbereiten lassen und auf den Tod gewartet – zwanzig Jahre! Ich lasse weitere MacLeods in die Kirche »eintreten«: z.B. jenen »Old Trojan of Berneray«. Der Nachruf auf ihn liest sich wie eine Lobeshymne. Von »hohen Prinzipien« ist darin die Rede, vom »Griff zur Waffe«, wann immer es notwendig wurde. In der Schlacht von Falkirk erledigte er im Zweikampf einen Dragoner. Muskel- und Manneskraft auch noch im hohen Alter. Mit 75 Jahren heiratete er zum dritten Mal. Zum Beweis seiner Fähigkeiten vollführte er den »Lachssprung«, jenen Sprung vom Fußboden ins Bett aus der Rückenlage, ohne Zuhilfenahme der Hände – nur durch blitzschnelles Aufbäumen des Körpers. Später zeugte er noch neun Söhne.

Der nächste, der hereinkommt, ist ein junger Bursche, stürmisches MacLeod-Blut. Zusammen mit anderen enterte er ein Schiff und befreite Schotten, die als Sklaven verkauft werden sollten. Eintreten soll auch jener MacLeod, der an die königliche Adresse folgenden Brief schrieb:

> »Es gibt keine Familie auf Harris, die nicht wenigstens einen ihrer Söhne in den Dienst ihrer Majestät gestellt hatte. Aber weder die Söhne noch ihre Väter bekamen einen Fuß Erde, von der sie leben konnten. Wenn also England für künftige Kriege mit anderen Nationen Soldaten braucht, dann soll es sich dafür die Schafe und Hirsche von Harris holen.«

Die mutigen Worte machen Sinn; denn zugunsten von Wolle und Wildbret hatten die Lords auch hier die Menschen von ihrem Land vertrieben.

Wenn sich auf diese Art alle Gräber in der Kirche und vor ihren Mauern, auch die, die womöglich unter ihr liegen, öffneten, so beträte wahrlich eine »Schar tapferer Söhne« das kleine Kirchenschiff. Geschichte kann Gestühl, Orgel und Kanzel allemal ersetzen!

Mehr als zwei Stunden verbringe ich sinnend in dem Halbdunkel – teils vom Sturm, der draußen wieder tobt, dazu gezwungen, teils im Bann dieser Stätte. Doch es hilft nichts, ich muß zurück. Vor der Tür empfängt mich ein Fiasko. Chrissie wird wieder eine Wasserratte ins Haus lassen müssen.

Zu meinen Jugenderinnerungen gehören jene mißtrauischen Prüfungen, wo Eltern sonntags ihre Kinder abfragten: »Was hat der Herr Pfarrer heute gepredigt?« So wollte man denen, die die Kirche schwänzten, auf die Spur kommen. Ähnlich fühle ich mich bei meiner Rückkehr. Chrissie fragt sofort: »Warst du in der Kirche?« Ich sage meinen Spruch auf: »Das Relief, wo ein Engel und Satan Seelen wiegen, habe ich gefunden. Es ist auf ›Crotachs‹ Grab.« Mein Kirchgang ist damit bewiesen.

Im Hafen von Tarbert liegt die Fähre. Der Betrieb wird wiederaufgenommen. »Danke, Chrissie! Danke für das Hosentrocknen! Danke für die Informationen und Tips! Deine ›Kirchgangprüfung‹ klang wie die daheim vor vierzig Jahren.«

Nun gilt es noch etwas zu erledigen. Postamtbesuche sind für mich schon Routine. Den Tweed und die Wollproben möchte ich loswerden, außerdem das dicke gälische Wörterbuch, das allein schon zwei Kilogramm wiegen dürfte. Und sollte ich erneut Fragen haben, es fände sich bestimmt wieder eine Chrissie Mackenzie. Aber wie verschickt man ein Buch vom Ende einer kleinen schottischen Insel?

Das Verpackungsproblem ist schnell gelöst. Wie im Postamt von Tarbert spendiert mir die Frau einen Karton – alter Privatbesitz. Eine Schere und Klebeband bringt ihn auf Format. »Printed matter... by sea...!« Ich habe bestimmte Wünsche. Preiswert soll der Tarif sein, billigst! Damit beginnt das Problem. Die Frau wälzt ihre Unterlagen. Langes Suchen, sie wird nicht fündig. »Wissen Sie«, klärt sie mich auf, »hier wird sehr selten ein Buch ins Ausland verschickt.« Sie macht mir einen Vorschlag: »Wenn Sie es wieder mitnehmen, dann ist es einfacher. Der Tweed... der wiegt ja auch nicht viel.« Meine Antwort läßt sie aufhorchen: »Ich bin mit dem Fahrrad unterwegs!« »Mit einem Fahrrad auf Harris? Wie sind Sie denn damit bis hierher gekommen?« Ich gebe etwas an, rolle die Reise rückwärts auf: »Über Lewis, Skye... Highlands...« Was für eine großartige Sache! Da kann man Fragen stellen! Schon werde ich zum Antworten genötigt. »Erlebnisse?« »Natürlich!« Ich tippe einige an: den Lecht, die Insel Papay, die Begegnung mit Jim Morris. Die Frau unterbricht mich: »Ich mache uns einen Kaffee, wenn Sie nichts dagegen haben!« Das Ausfragen soll also weitergehn. Eine Kundin, die neu hinzukommt, befreit mich aus der Zwangslage. Das Päckchen wartet noch immer auf Abfertigung, die Fähre dagegen wird nicht auf den Radler warten. So nutze ich die Gelegenheit und wechsle das Thema: »Vielleicht weiß Ihr Hauptamt, wie man das mit dem Buch als ›Seepost‹ regelt!« Nun *muß* die Frau dienstlich werden. Sie greift zum Telefon: »Da ist ein Gentleman, der möchte...« Die Antwort kommt prompt, und sie muß fachkundig gewesen sein. Nach zwei Minuten ist der Fall abgehandelt. Auch ich lerne hinzu. »By air« muß nicht teurer sein als »by sea«, jedenfalls nicht hier.

Zum Abschied erlaube *ich* mir eine Frage: »Gestern war ich in Rodel. Wissen Sie zufällig, wie viele Menschen dort leben?« Die

Antwort der Postfrau kommt zögernd: »Ich glaube… so um die fünfzig!« Die Kundin hat mitgehört und verbessert sie sogleich: »Das war einmal! Im letzten Jahr lebten dort noch einundzwanzig. Die Jungen sind doch alle weg!« Ich bedanke mich für die Auskunft. Das war es noch, was ich ins Tagebuch nachtragen wollte.

Bei der Fähre angekommen, schaue ich auf den Rad-Computer. Weniger als fünfzig Kilometer hatte ich auf Harris zurückgelegt, ein Katzensprung – und doch gespickt mit Erlebnissen.

Am Steuerrad der *Loch Bhrudsa* steht Kapitän John Webb. Wer in solchen Gewässern kreuzt, der kennt sein Handwerk. Was heißt für diesen Mann schon »Sturm«! Vierzig Knoten Wind zeigte das Meßgerät, als die Fähre noch im Hafen von Uist lag. Auf offener See – oder für einen Radler in freier Landschaft – sind da schnell hundert Stundenkilometer erreicht. Dann dient ein Bike allenfalls noch als »Stütze«. Kapitän Webb läßt mir später durch ein Mitglied der Crew ausrichten: »Vorhersage Windstärke zehn!« Es klingt wie eine Warnung. Muß ich mich schon wieder auf das Rad stützen? Die *Loch Bhrudsa* gleitet aus dem Hafen. Hinter dem nächsten Holm wird sie zu schaukeln beginnen. Hebriden-See ist unruhige See. Im Rückblick die Kirche von Rodel. Wie ein Leuchtfeuer steht sie auf der Höhe des Felsbuckels. Kapitäne könnten sie ebensogut zum Navigieren benutzen, wie einst Gläubige auf der Suche nach dem »richtigen Weg«.

Die Nachbarinsel Uist beginnt wie erwartet. Der erste Anblick läßt vermuten, daß sie gänzlich unbewohnt ist. Am Fähranleger ein kleines Wartehäuschen, dahinter leere Landschaft. Vom ersten Pedaltritt an bestimmt das Wetter die Etappe. Gummistiefel, Regenanzug, Südwester. Radeln gegen alle Widrigkeiten, radeln bis zur Selbstverleugnung! Entlang der nach Süden führenden Straße reihen sich die historischen Stätten: Steinkreise, »Stehende

Steine«, Grabstätten. Hebridengeschichte im Jahrtausendtakt. Doch ich sehe nur Wasser. Wasser, das vom Himmel kommt, Spritzwasser von unten, Wasser in der Landschaft. So »getränkt« ist sie, daß sie doch unmöglich noch einen Tropfen aufnehmen kann.

Immer wieder führt die Straße über Dämme. Noch mehr Wasser: Moorseen, Lochs, Meeresbuchten. Festes Land scheint in der Minderheit. Der Inselteil, den ich passiere, heißt »North Uist«. Es folgt »Benbecula«. Steindämme als Grenzen und mit Brückenfunktion. So geht es auch ohne Fähre! Ob ich den Atlantik oder einen See vor mir habe, kann ich jetzt nur noch an den Tidemarken erkennen. Das Land scheint zerkrümelt im Meer zu schwimmen.

Inzwischen müßte ich auf »South Uist« sein. Drei Inseln, durch Menschenwerk zusammengehalten. Wirklich schon der Südteil? Die wegen der tiefziehenden Regenwolken zu unsichtbaren Gipfeln hinaufführenden Berghänge deuten es an. Benbecula war eher flach.

Wassertreten bis in die Dunkelheit. Dann alles wie viele Male erprobt. Bei einem der ersten Häuser von »Loch Boisdale« klingle ich. »Sorry!« sagt man mir, »auf einen Gast sind wir gar nicht vorbereitet.« Ich erhalte einen Tip. Das Wichtigste folgt beim Abschied: »Wenn es dort nicht klappen sollte, dann kommen Sie bitte zurück. Es wird sich etwas finden!«

Das Zurückkommen erübrigt sich. Die Bleibe hat einen schönen Namen: »Brae Lea«. Es bedeutet »Unterstand auf einem Hügel«. Schön, bei solchem Wetter ein festes Dach über dem Kopf zu haben.

Der Besitzer von »Brae Lea«, Mr. Murray, gibt mir später einen

Tip: Wenn es morgen aufklaren sollte, so lohne die Fahrt an die Südspitze der Insel, nach »Pollachar«. Dort finde man beim Torfstechen immer wieder Leichen. Es seien die Steuereintreiber früherer Könige. Die Inselbewohner waren geübt in deren Beseitigung. Sie boten ihnen Bett und Brot. Zu nächtlicher Stunde erschlug man sie dann. Einer der Herrscher ließ schließlich Schutzhäuser für seine Beamten bauen – an jedem Inselende eines. Das von Pollachar stehe noch – als Kneipe! Und wenn ich dort Einheimische anträfe, dann könnte ich sicher noch mehr Geschichten erfahren.

Der Tip reizt. Doch was mich hindert, ihn zu befolgen, ist blanke Vernunft. Ich hatte den Wetterbericht mitgehört. Das »Luftholen« des Sturmes würde nur aus einem kurzen Zwischenhoch bestehen. Einen Tag mochte es halten; dann heulte es wieder um die Hausecken. Die Fähre zur Nachbarinsel »Barra« verkehrt sowieso nicht täglich; würde sie auch noch ausfallen, dann säße ich hier bis nächste Woche fest. Hundert Kilometer weiter östlich aber wartete noch ein gutes Stück Highland. Da mir schon jetzt der Herbst auf den Fersen war, sollte ich nicht mehr bummeln.

Am nächsten Tag bleiben mir bis zur Abfahrt der Fähre einige Stunden Zeit. Ich möchte sie für eine Wanderung auf den nahegelegenen »Beinn Ruigh« nutzen. In den Wiesen, die ich durchquere, finden sich Zeugen früherer Besiedlung: die Reste eines »blackhouse«, der Halbkreis einer Steinsetzung. Der Weg wird immer schwieriger. Zwischen den Gräsern mehrt sich das Phagnum. Die Ausbreitung der Torfmoose belegt, daß die Weiden allmählich in den Urzustand zurückfallen. Sie sind wieder auf dem Weg zum Moor. Wer sagt, daß Schafe dumm sind? Ich beobachte, daß die Tiere die fleischig-dicken Iriswurzeln als Trittsteine be-

»Twenfive, twenfive, twenfive-fifty ...« Schafauktion

nutzen. Doch einen Menschen tragen sie leider nicht. Beim Darüberbalancieren scheitere ich kläglich. Braun quillt es aus dem Untergrund. Schmatzend umschließt nasser Torf die Stiefelschäfte. So blockt die Natur trittdumme Menschen ab. Aus dem »Beinn Ruigh« wird unter diesen Bedingungen nichts! Die Alternative heißt »Loch Boisdale«. Etwas im Ort herumschnüffeln, Inselenden sind auch Weltenden! In der Nähe des Hafens Schafe, dichtgedrängt in Gattern. Viele Köpfe auf wenig Raum, das verspricht ein Fotomotiv. Näher herangekommen, vernehme ich einen seltsamen Singsang. Er kommt aus der Scheune. »Twenfive, twenfive, twenfive, twenfivefifty, fifty ...« klingt es nach draußen. Ein neugieriger Blick durch die Tür: In der Scheune läuft gerade eine Versteigerung. Der Auktionator rasselt immer wieder die gleiche Preisfolge herunter. Jedesmal, wenn ein paar Schafe in den manegeartigen Ring geführt werden, beginnt er mit dem Mindestgebot, fünfundzwanzig Pfund. Wenn einer der Anwesenden ein höheres Angebot macht, bekommt man das als Laie kaum mit. Kein Armheben, kein Zuruf. Ich habe den Eindruck, mancher Farmer gibt es nur durch Schulterzucken ab. Eben wurde ein halbes Pfund draufgelegt. »Twenfivefifty, fifty, fifty ...« tönt es vom kleinen Pult. Wer bietet nun »twensix«? Der Zuschlag erfolgt, ehe ich es begriffen habe. Gatter auf, die nächsten Tiere! Schafauktion in Loch Boisdale!

Genug geschaut! Noch Zeit für einen Imbiß.

Der Mehrzweckraum scheint das Kommunikationszentrum des Ortes zu sein. Während ich auf den Fisch aus der Friteuse warte, komme ich der Inselrealität sehr nahe. Die Männer, die anwesend sind, haben Schafmist an den Schuhen. Sie waren auf der Auktion. Vor dem Spielautomaten hängt eine Traube Jugendlicher. Das Freizeitangebot heißt »Racing beat«. »Scheiß Straße!« klingt es herüber. Das Auto eines der Jungen war aus der Kurve geflogen. The race is over! Dreißig Pence kostet ein »Game«. Automaten füttern in vielen Freizeitstunden! »Spielend« in die Arbeitslosigkeit? Genau das ist hier die Perspektive so manches Jugendlichen.

Mr. Murray hatte es bereits angedeutet. Als ein Hubschrauber an seinem Fenster vorbeiflog – mit einem großen Bottich an langen Tauen –, machte er mich darauf aufmerksam: »Die setzen wieder Lachse um! Lachse sollten mehr bringen als der Fischfang! Doch es wurde ein Zuschußgeschäft. Die Regierung zahlt 150000 Pfund im Jahr, nur um ein paar Arbeitsplätze zu erhalten. Wenn sie es nicht mehr kann, werden wir wieder dorthin kommen, wo wir schon einmal waren: zu Torf, Schafen und Fisch!« Mit drei Worten hatte er das Leben seiner Vorfahren umrissen.

Ein schwarzer Koloß schiebt sich in den Hafen, eine alte Bekannte, die *Lord of the Isles*. Für die Passage hinüber nach Barra konnte man keinen »Kahn« gebrauchen. Da war ein richtiges Schiff notwendig. Mein Ticketstreifen wird langsam kürzer.

Die Überfahrt ist zum Knieerweichen. Immer wieder taucht der Bug des großen Pottes tief in die See – aus der er dann wieder emporkommt, wie ein Keil, der von hartem Holz abprallt. Auch mit einem Schiff wie der *Lord of the Isles* kann man spielen – es in Schräglage bringen, daß die Passagiere nach allem greifen, das Halt verspricht. Was ist für eine wilde See schon so ein Stahltrog! Anheben, Fallenlassen, ihn mit Wasser erdrücken. Die Fahrt wird ungemütlich. »Eriskay wirft die Wellen zurück!« erklärt mir ein Mitreisender. Er kennt die Gewässer. Jede der kleinen Inseln im Sund von Barra ist so ein »Rammbock«. Wütende Wellen gegen starren Fels, zwischen den Fronten die Fähre. Als das Schiff in die »Castle Bay« dreht, wird die See ruhiger. »Danke! Das hat auch gereicht!«

Vor mir liegt »Barra«. Wieviel leere Seiten hat mein zweites Tagebuch noch? Die Insel ist nicht einmal so groß wie Harris. Wenig Land, wenig Menschen, wenig Erlebnisse? Doch eine solche Zwangsläufigkeit gibt es nicht.

Die kleine Touristeninformation von Castlebay hat noch geöffnet. Ich erkundige mich nach einer Unterkunft. Die junge Frau schaut verdutzt. Einen solchen Sonderwunsch hatte sie sicher noch nie gehört. Sie greift zum Telefon; das Gespräch kann ich mithören: »Katie, kannst du einen Gast aufnehmen? Hier ist jemand, der sucht ›Bed & Breakfast‹ bei einer alten Frau, die ihm ein paar Geschichten erzählen kann. Bist du ›alt‹? Kannst du erzählen?« Es folgt lautes Lachen – auf beiden Seiten, deutlich klingt es aus dem Hörer.

Rechts, links, noch einmal links. Das Haus ist nicht zu verfehlen. Die Tür öffnet sich schon bei meiner Annäherung. Eine Hand streckt sich mir entgegen: »Ich bin die alte Frau! Aber erzählen kann ich leider nicht! Das kann mein Mann besser!« Dann lautes Lachen. Was für eine Begrüßung!

Mrs. Galbraith ist keinesfalls alt, gleich ein paar Jahrzehnte jünger als erwartet. Fast bin ich enttäuscht. Und so relativiere ich meinen Wunsch: »Ach, Geschichten brauchen Sie mir nicht zu erzählen, nur ein paar Tips, dafür wäre ich Ihnen dankbar!«

Barra ist eine Insel im doppelten Sinne: von seiner geographischen Lage her und vom Glauben seiner Bewohner. Fast alle, die hier leben, sind streng katholisch. Das erstaunt. Ähnlich wie in Irland, wenngleich dort erfolgloser, hat auch in Schottland die Reformation mit Feuer und Schwert gestritten. Wie tief der Graben zwischen den Religionen war, zeigt das noch heute gültige Gesetz, daß kein Katholik den englischen Thron besteigen darf. Was also hat die Glaubensinsel Barra in die Gegenwart gerettet? Das »Wunder« kam offenbar durch die See, die Lage und die Nebensächlichkeit Barras zustande.

Jedoch bin ich nicht hierhergekommen, um mir Kirchen anzusehen. Bei meiner ersten Inselrundfahrt halte ich trotzdem an der von »Northbay«. Das Besondere an ihr: Jemand hatte Muscheln gesammelt; aus ihnen entsteht an der Kirchenfront gerade ein Jesus-Mosaik. Wenn Glaube zu so einfachen Ausdrucksformen findet, dann gefällt mir das.

Es ist kein Zufall, daß ich, kaum auf Barra, gleich nach »Northbay« fahre. Es war ein Tip von Mrs. Galbraith. Dort fände ich, was ich suchte: Informationen besonderer Art.

Bei allem Alten, Liegengelassenen, Vergessenen und so manchem Rost auf Rädern, dem man hier begegnet, sollte sich niemand täuschen lassen! Die Zeit hat es in Schottland eiliger als anderswo. Zwar findet man in den Highlands wohl kaum Computerspiele in den Kinderzimmern, doch das Land hat aufgeholt. Was bei uns Jahrzehnte Zeit hatte zu reifen – der technische Fortschritt –, kam hier später. Dafür legte er an Tempo zu. Man schaue sich auf Fotografien das Schottland von 1970 an und besuche heute das gleiche Dorf – auf der gleichen Straße. Welch ein Unterschied! Doch wenn der Zug der Zeit so schnell fährt, hängt er dabei auch manches Stück Vergangenheit ab. »Auf der Strecke« sind unter anderem die »Seanachie« geblieben. Man findet sie kaum noch, diese Sagen- und Märchenerzähler. Auch die Insel Barra hatte einst ihren Barden, John MacPherson aus Northbay. Er ist längst verstorben. Jeder hier kannte ihn, auch Mrs. Galbraith. »Es war einmal...«, so begannen seine Geschichten, in die manchmal auch ein Stück Wirklichkeit gewoben war. Man kann sich unschwer vorstellen, wie der Seanachie die Zuhörer in seinen Bann zog. »... Heute erzähle ich euch, wie die Namen gewisser Orte auf Barra entstanden sind. Ich beginne mit dem ›blutigen Moor‹ – oder wenn ihr diese Geschichte schon kennt, dann die Sache von ›der Quelle mit den Köpfen‹...«

»Coddy«, so nannte man hier den Barden John MacPherson. »Leider ist er tot«, sagte Mrs. Galbraith zu mir, »aber besuchen Sie doch seinen Sohn. Der lebt in Northbay!«

Gleich ihr erster Tip geht daneben. Wie der Stuhlflechter von Papa Westray, so ist auch Coddys Sohn nicht daheim – Festlandbesuch. Dafür klappt ihr zweiter besser. Wenn ich Inselgeschichte suchte und »Coddy« lesen möchte, dann würde man mir bestimmt in der Bibliothek weiterhelfen. Also weiterradeln nach Castlebay.

Ich irre mich in der Tür und gerate in ein Klassenzimmer. »Sorry...!« »Ja bitte?« »Die Bibliothek?«

»Helmut! Bring diesen Herrn bitte zu Mrs. ...!« Von der Lehrerin beauftragt, erhalte ich einen »Führer«. Fünf Minuten später sitze ich an einem Tisch; vor mir ein Stapel Bücher. Obenauf der Titel: *Tales of Barra, told by the Coddy, John MacPherson, Northbay.* Ich schlage das Buch willkürlich auf und beginne zu lesen:

»Vater und Tochter arbeiteten auf dem Feld, als draußen vor der Küste ein Schiff vorbeifuhr. In dem Augenblick, als beide hinschauten, ging es unter. Der Vater wunderte sich: ›Was mag nur mit dem Schiff gewesen sein?‹ Darauf antwortete ihm die Tochter: ›Das habe ich getan!‹ Und als der Vater erschrocken zurückfragte: ›Wer hat dich so schreckliche Dinge gelehrt?‹, sagte das Mädchen: ›Meine Mutter tat es!‹ Da ergriff der Vater den Spaten, erschlug erst das Kind, ging nach Hause und erschlug auch die Mutter.« Coddy im Originalton!

Hatte ich nicht vor Wochen ähnliches gehört? Die Geschichte von der *Castle Farm*, von dem Mädchen, das der Arzt regelrecht »ausbluten« ließ, weil er es für eine Hexe hielt? »Schottland, aus deinen Märchen tropft das Blut!« Nach einigen weiteren Seiten »Coddy« kann ich mir noch besser vorstellen, wie die Leute vor dem Torffeuer zusammenrückten, wenn der Seanachie begann: »Es war einmal ...« Ich spreche die Bibliothekarin an und zeige dabei auf den Stapel Bücher vor mir: »Da werde ich wohl hier übernachten müssen!« Ihre Antwort unterlegt sie mit einem Lächeln: »Das wäre doch ein guter Grund, etwas länger auf Barra zu bleiben!« Während ich weiter schmökere, trommelt der Regen wie mit tausend kleinen Hämmerchen auf das Blechdach der Bibliothek. »Bleiben«, das war das Stichwort bei diesem Wetter.

Wenig Menschen, viele Schafe, noch mehr Seevögel! Ich drehe meine zweite Radrunde um die Insel. Einen schlechten Tag habe ich erwischt! Der Wind hetzt die Wolken über den Himmel. Die See möchte über die Klippen ins Land klettern. Regengüsse ertränken das Tageslicht. Dann ein Scheinwerfer wie aus dem Jenseits; die Sonne kehrt zurück – und mit ihr der Tag. Ich bin über das Ende der Straße hinaus einem Weg gefolgt. Er führt auf kahle Berge zu und wird jetzt immer steiniger. Schon möchte ich aufgeben. Wo in diesem Nichts soll das alte Cottage liegen, von dem in einer Broschüre die Rede war? »Noch bis zur nächsten Kuppe«, nehme ich mir vor, »dann kehrst du um!« In diesem Augenblick wird die Hütte sichtbar. Was für eine Lage! So versteckt haben Mönche in unruhigen Zeiten ihre Betnischen gebaut. Leider ist das Cottage verschlossen, aber ein Blick durchs Fenster bestätigt meine Vermutung. Dort drinnen war die Zeit stehengeblieben. Ein Stück Inselvergangenheit hinter rohen Steinmauern.

Menschen, die einsam leben, von denen man sagt, sie sprächen zu den Wänden, treffe ich auf meinen Reisen immer wieder. Dabei gibt es Unterschiede. Den einen steht der Wortdruck bis an die Lippen. Stößt man sie mit einer Frage an, manchmal reicht auch schon ein Gruß, dann sprudelt es aus ihnen heraus wie aus einer vollen Badewanne, bei der man den Stöpsel gezogen hat. Andere wieder sind so introvertiert, daß sie das Sprechen verlernt haben. An einen so von der Einsamkeit geprägten Mann gerate ich auf der Rückfahrt. Ein heftiger Regenguß macht es nötig, daß ich mich unterstelle. Die offene Tür eines Schuppens wirkt da fast wie eine Einladung. In dem Verschlag stapelt jemand gerade Holz, zerkleinertes Treibholz, wie ich sehe. Ich entschuldige mich für das Eindringen und deute auf die Wasserschwaden, die draußen vorbeijagen. Der Mann nickt. »Einsamkeit macht stumm«, denke ich im stillen und versuche trotzdem das Gespräch. Das Wetter ist dafür immer ein gutes Thema. Ich spreche ihn auf die Scheußlichkeit vor der Tür an, und bekomme eine denkbar knappe Antwort: »Es wird vorbeiziehen!« Ich bohre weiter: »Ist es hier häufig so stürmisch?« Noch einmal knapp: »Wind und Wasser gehören zusammen!« Ein dritter Versuch: »Die See oder der Regen?« »Der wird aufhören!« Kürzer geht es kaum! Auf die letzte Antwort bemerke ich – wie schon einmal: »Ja, sonst hätte man die Insel sicher nicht besiedelt!« Das muß gewirkt haben. Der Mann unterbricht das Holzstapeln. Er schaut mich an: Was ist das für ein Fremder – mit solchen Sprüchen? Ich nutze die Gelegenheit: »Wer hat in dem alten Cottage hinter dem Hügel gewohnt?« »Alex! Alex McPherson, wurde alt, die Tochter holte ihn weg!« Weiter geht das Holzstapeln. Nein, mit einem Rücken kann man sich nicht unterhalten. Gut, daß der Regen nachläßt. Ich verabschiede mich und bedanke mich für das Dach über dem Kopf. Der Mann antwortet mir mit einer Handbewegung, als wolle er mit dem Holzscheit, das er gerade hält, nach mir werfen. Doch ich habe die Bewegung schon richtig verstanden. Sie heißt: »Nicht der Rede wert!« Einsamkeit lehrt auch Zeichensprache. Man lernt sie zu lesen.

Ich bin am nordwestlichen Knick der Ringstraße angekommen, hinter mir drängelndes Hupen. Ein roter Oldtimer: der Schulbus! Er fährt seine Inselschleife und verteilt wieder die Kinder, die er am Morgen eingesammelt hat. Etwas später überholt mich ein Lebensmittelladen auf Rädern, *Campbell Brothers*. Die Aufschrift hinten am Wagen macht Sinn: »Bitte rücksichtsvoll fahren!« auf dem Beifahrersitz sind Tomaten- und Eierkartons gestapelt. Man stelle sich das Wageninnere vor, wenn jemand den Fahrer des »Geschäftes« ausbremste. Mit dem Passieren der beiden Autos ist die Insel-Rushhour zu Ende.

Ein Stück Strand habe ich entdeckt. Einsamkeit in gelbem Sand

Barra: Auf solchen Stränden kann man »als erster« seine Fußspur auslegen.

ausgelegt. In ihn kann ich »als erster« meine Fußstapfen drücken. Wenn ich rückwärts bis zur See ginge, würden sie wie die Schritte eines Schiffbrüchigen wirken, der sich hier an Land gerettet hatte. Ein steinzeitliches Dorf wie auf Mainland hatte der letzte Orkan in der Bucht nicht freigelegt, aber seewärts ragt aus den Dünen so etwas wie ein Mast. Also doch Schiffbrüchige? Vielleicht vor hundert Jahren? Noch ein Abstecher nach Norden. Dort liegt der »Airport«. Ich habe Glück, es herrscht Flugbetrieb – so, wie die See ihn zuläßt! Das ist wörtlich gemeint. Die Maschine der *British Airways* landet am Strand, den die Flut gerade freigegeben hat. Man hört förmlich das Muschelknacken. Ein Rollweg durch Wasser und Sand, der spätere Start wie die Flucht vor der nächsten Flut! Fliegen oder schwimmen kann man auf dem Airport von Barra im Wechsel der Tiden.

Das Wetter scheucht mich nach Castlebay zurück. »Der wird aufhören«, hatte mir der Mann den Regen betreffend versprochen. »Diese Insel wird man *nie mehr* besiedeln!« antworte ich jetzt. Denn es regnet und regnet...

Mrs. Galbraith und ihrem Mann verdanke ich natürlich nicht nur den »Coddy-Tip«. Inzwischen haben sie mich neugierig gemacht. »Waren Sie schon drüben auf ›Vatersay‹?«, fragen sie mich am dritten Tag. Ich muß verneinen: »Bisher immer nur Barra und die Bibliothek. Es regnet zuviel!« »Als ›Vatersay‹ noch eine richtige Insel war, bis vor fünf Jahren, als es noch nicht den Damm gab, da...«, so erzählen sie mir, »lebte es sich dort besonders frei. Die Autos wurden von Fischern übergesetzt. Man band zwei Boote zusammen und legte Balken darüber. Darauf kamen quer die Autos. Nicht eines, das ein Kennzeichen hatte, niemand, der einen Führerschein besaß, keiner, der Steuern zahlte.« Es folgen Mr. Galbraiths Schilderungen von den »wilden Fêten« drüben auf Vatersay. Wüst müssen sie gewesen sein, wie die der Wikinger. Die Bewohner Barras hatten natürlich regen Anteil daran. Doch immer gestaltete sich der Rückweg für sie schwierig. Ein fensterloser Kübelwagen fungierte als »Strandtaxi«. Bis zum Morgengrauen soll es gefahren sein. Auf seinem Boden liegend, stapelten sich die Whiskyleichen. Aber wie in diesem Zustand in die Boote kommen? Bordwände aus der Froschperspektive sind hoch.

Vatersay – als es noch eine richtige Insel war!

In der Kirche von Castlebay muß man fleißig gebetet haben. Die Sonne scheint! Wir schön Barra sein kann! Ich rolle mit meinem Rad über den Damm hinüber nach Vatersay, dem die Straßenbauer nun seine Freiheit genommen hatten. Die Insel beginnt mit dem Ort »Caolis«, einem 5-Familien-Dorf. Kein Mensch ist zu sehen. Ein Hund und eine Katze begrüßen mich. Der Hund interessiert sich für das Rad, die Katze für meine Waden. Das eine kann man anpinkeln, an dem anderen kann man sich reiben. So viel Tiernähe, aber Menschenleere! Ich habe den Eindruck, daß sich während der Weiterfahrt das Häuserzählen lohnt.

Die Straße umrundet eine Bucht. An ihren Ufern warten Fischerboote auf den endgültigen Zerfall. Eine Viehfähre, nach dem Bau des Dammes überflüssig geworden, sitzt auf Grund. Die See hat sie mit Muscheln und Tang garniert. Die nächste Flut wird sie wieder unter Wasser ziehen. Ein Haus! Eher neu und doch schon verlassen! Die Stürme haben bereits Teile des Daches mitgenommen. Es folgen einige Kilometer »Nichts«. Dann etwas matt Blinkendes am Straßenrand. Ich staune: die Reste eines abgestürzten Flugzeuges. Das noch sichtbare Hoheitszeichen verrät es: englischer Kampfflieger. Sollten diese Trümmer etwa seit dem letzten Krieg hier liegen? Sie werden weitere Jahrzehnte überdauern. Aluminium rostet nicht! Das nächste Haus! Es war wohl früher die Inselschule; die großen Fenster zeigen es. Jetzt stapelt sich hinter ihnen Fanggerät. Ein drittes Haus! In dieses kann ich nicht hineinschauen. *Seine* Fenster sind zugenagelt. Man kann nachdenklich werden bei einem solchen Inselbesuch – und man kann lachen! Ich habe das kleine Schild nicht übersehen. Es ist an einem Weidenpfahl befestigt. Ein Pfeil darauf zeigt zurück in Richtung Barra; und es verrät: »Dort geht es zu den Eingeborenen!« Ganz anders dagegen die Inschrift auf einem kleinen Obelisken, der auf einer grasbewachsenen Düne steht. Hier vor der Küste war die *Annie Jane* gesunken. An Bord Männer, Frauen und Kinder – auf dem Weg in die Emigration. Über dreihundert von ihnen ertranken. Wie viele vertriebene Schotten mag auf den Weltmeeren das gleiche Schicksal ereilt haben?

Auf Vatersay erinnert dieser Obelisk an den »nassen Tod« mehrerer hundert schottischer Emigranten.

Die Straße ist zu Ende. Ich bin in »Bhatarsaigh«. Fast wirkt der Ort, als hätte man ihn gerade gegründet. Die Zeile neuer Holzhäuser läßt es vermuten. Doch beim genaueren Hinschauen sieht man auch eine ordentliche Portion Gestern. Wohin mit ausgedienten Autos, alten Traktoren und Haushaltsgerät? Sie auf die Klippen zu bringen und von dort ins Meer zu werfen, wäre viel zu mühsam. Sie an den Strand zu transportieren, lohnte sich nicht. Die nächste Sturmsee würde sie wieder an Land hieven. Also legte man hinter dem letzten Haus eine »Sammlung« an, das Gestern von »Bhatarsaigh«. Demnächst dürfte auch noch die Telefonzelle des Ortes hinzukommen. Stürme nehmen hier nicht nur Dächer mit, sondern auch die Türen solcher Boxen. Ihr Innenleben ist bereits ein Stück Rost.

Man sagt, daß Menschen, die den Drang haben, sich immer und überall durchzusetzen, ein vorspringendes Kinn bekommen, und daß krankhafte Neugier letztlich zu einem langen, dünnen Hals führt. Ginge es danach, ich müßte bereits recht entstellt aussehen. Aber was macht man, wenn man das Ende einer Insel erreicht hat? Etwa umkehren?

Längst habe ich gelernt, daß hinter dem letzten aller Zäune noch immer Überraschungen warten können. Und der »lange Hals« lohnt sich mal wieder.

Als erstes entdecke ich den Friedhof. Die keltischen Grabkreuze belegen die religiöse Verwandtschaft der Inselbewohner. Die Missionare, die ihre Vorfahren bekehrten, kamen von dort, wo meine Tour begonnen hatte, aus Irland. Noch mehr Recken läßt mich das Dach eines Hauses erkennen. Das letzte Haus auf der letzten der bewohnten Hebriden-Inseln? Da klopft man einfach an und fragt: »Wie lebt es sich hier, an diesem kleinen Ende der Welt?«

Das Rad muß ich tragen. Die Wiese ist zu uneben. Außerdem geht es über Zäune. Sicher ein ungewohnter Anblick für den Mann, der mich vom Fenster aus beobachtet. Daß man meine Annäherung längst bemerkt hat, wird sich gleich zeigen. Ich bin noch einige Schritte von der Haustür entfernt, als sie geöffnet wird. Eine Handbewegung deutet an: »Komm herein!« Also nicht nur beobachtet! Da freut sich jemand auch auf ein Gespräch! Als der Mann bemerkt, daß ich mir vor dem Eintreten die Gummistiefel ausziehen möchte, sagt er etwas barsch: »Was soll das?« Kaum drin, begreife ich sehr schnell. »Hier hat schon lange niemand mehr seine Stiefel ausgezogen!« Es ist unübersehbar: In dem Haus fehlt eine Frau – vielleicht hat es hier nie eine gegeben. Der Raum und auch das einsehbare Nachbarzimmer sind fast leer. Es gibt kaum Mobiliar. Mein erster Gedanke ist: »Verkauft, um zu etwas Geld zu kommen! Oder gar verheizt?« Still ziehe ich einen Vergleich zu dem leeren »Ballsaal« in Roghadal. »Ich sah dich kommen ...«, beginnt der Mann. »Ich dachte, wer kommt da? Und warum kommt der? Warum über die Weiden? Und warum trägt der ein Fahrrad? Es gibt doch einen Weg zum Haus – von Norden!«

Drei »Warum?«, auf die ich eine ehrliche Antwort gebe: »Ich schreibe über Reisen. Als ich das Haus sah, dachte ich, dort endet Vatersay wirklich. Da gehst du hin und fragst die Leute, ›wie lebt es sich hier?‹ Die Menschen daheim wird das vielleicht interessieren!« Der Mann nickt. Er hatte mir einen Sitzplatz angeboten. Er selbst steht. Eine Hand hält die Hose, damit sie nicht rutscht. Die andere »redet« jetzt. Worte allein reichen nicht. Der Körper möchte mitsprechen: »Du bist von Barra herübergekommen? Wie bist du nach Barra gekommen? Von Oban?« Ich kläre ihn auf: »Nein, von South Uist, über Harris ..., Lewis ...«

Seine Hand zeigt in die Richtung der anderen Inseln: »Von dort? Was Fremde nicht alles kennen! Ich war dort oben nicht! Wo willst du hin ...?« »Wenn doch auch ich bald fragen könnte«, geht es mir durch den Kopf. Aber da müßte ich wohl noch etwas Geduld haben.

Inzwischen kenne ich den Namen des Mannes. Er steht auf einem Erinnerungsblatt an die »Heilige Kommunion«, das rechts von mir an der Wand hängt. Vom arg vergilbten Papier herab segnet Jesus das Zimmer und seine Bewohner. Es ist ein alter Clanname. Einer der ältesten Schottlands. Sein Begründer war »Diarmid«, der »Töter des Großen Ebers«. Der Mann wundert sich nicht einmal, daß ich die Gelegenheit ergreife und ihn sogar mit seinem Vornamen anspreche: »Malcolm, wie lebt es sich im letzten Haus, auf der letzten Insel?« Seine Antwort kann man deuten: »Früher gab es hier Fisch, Schafe und Kartoffeln. Wer von etwas zu viel hatte, der konnte tauschen. Die Kartoffeln wachsen noch immer gut. Aber sonst ist es anders!« Daß die Kartoffeln auf Vatersay gut im Kraut standen, hatte ich wohl bemerkt. Unter der Grasnarbe liegt eine Schicht Dünensand, vermengt mit dem Kalk zahlloser Muschelschalen. So etwas ist nicht gerade unfruchtbar und gleichzeitig eine gute Drainage. Gräbt man solche Kartoffeln aus, so fällt der Sand vollständig ab. Sie glänzen wie frisch vom Regen gewaschen. »Ja, Malcolm«, pflichte ich ihm bei, »die Kartoffeln stehen gut, aber was ist ›anders‹?« Er wird konkreter: »Es gibt hier keinen Torf, kaum Treibholz. In kalten Wintern muß ich Kohlen zukaufen – zum Heizen. Die sind teuer! Alles ist teuer!« Seine Handbewegung macht beide Worte »groß«: ALLES! TEUER! Das ist die sachliche Seite seines Lebens, und die menschliche? Ich wage eine vorsichtige Frage: »Du bekommst wohl nicht häufig Besuch?« Malcolm beugt sich etwas vor, damit er aus dem Fenster sehen kann; sein ausgestreckter Arm zeigt auf etwas Imaginäres: »Dort drüben ging im letzten Jahr ein Paar vorbei. Die wollten wohl Vögel beobachten. Der Mann trug ein Fernglas. Als ich das sah, ging ich hinüber und fragte, ob ich durch das Glas schauen dürfe. Das war eine schöne Sache!« Ich hatte richtig gehört: »im letzten Jahr«, »dort drüben« ... So etwas muß man erst verdauen. Da ist Schweigen die beste Antwort.

So wie seine erste Handbewegung: »Komm herein!« hieß, so sagt die jetzige: »Komm mal mit!«

Ich folge ihm in den angebauten Schuppen. Ein »Museum« öffnet sich. Vatersay in Jahresringen: Feldbau, Fischfang, frühere Tierhaltung. Inmitten dieses Gestrigen ein Stück Gegenwart: roter, glänzender Lack – keine Spur von Rost. Ein nagelneues Moped! »Damit fahre ich nach Barra!« erklärt mir Malcolm. Wie stolz das klingt! Zum Stolz kommt die Freude: »Es braucht nur ›so viel‹ Benzin!« Dieses »Nur-so-viel« deutet es mir an – mit Daumen und Zeigefinger: »Ein paar Kubikzentimeter!« Ich pflichte ihm bei: »Ein schönes, sparsames Moped!« Geteilte Freude ist doch doppelte Freude.

Wie verabschiedet man sich nun von einem solchen Menschen? Doch nicht etwa mit einem laxen »Good bye!« Mir fällt das Kommunionsbild ein, und was ich sage, meine ich ehrlich: »God bless you, Malcolm!« Wer hier – und so – lebt, der hat Gottes Segen verdient. Auch seine Worte kommen von innen. Meine Übersetzung ist etwas frei, trifft aber doch ihren Kern: »Es war schön«, sagt er, »jemanden hier zu haben!«

Ich hatte mit »langem Hals« hinter den letzten aller Zäune geschaut und damit einem Menschen eine kleine Freude gemacht. Vielleicht ging der nächste Besucher »in einem Jahr« wieder »dort drüben« nur »vorbei«.

Nach so wenig – und doch so viel – Vatersay könnte ich, wenn es mich drängte, »auf Kurs« bleiben. Allerdings nur mit Hilfe eines Fischerbootes. Südlich der Insel geht es weiter mit den Eilanden, doch dort blieben mir nur das Gespräch mit den »Vögeln und den Fischen«. »Sandray« hatten die Menschen schon vor einem halben Jahrhundert verlassen. »Pabbays« Fischer waren allesamt Opfer eines Sturmes geworden. Auf »Mingulay« könnte ich lediglich ein Grab besuchen, das einer gewissen »Anna Ruaridhic Dhomhnaill«. Einhundertdreizehn Jahre alt ist sie geworden. Seither wartet ihr Geist vergeblich auf Ablösung; denn nach keltischer Überlieferung wacht der Geist des zuletzt Verstorbenen über allen Gräbern. Doch auf »Mingulay« stirbt niemand mehr! Ja, und dann käme noch »Berneray«. Die Insel ist der »Prügelknabe« des Atlantik. Auf ihren felsigen Buckel drischt die See als erstes ein. Und so wütend tobt sie dort manchmal, daß die schweren Brecher Fische über die Klippenkante hinweg bis ins Innere der Insel werfen. Doch ich möchte lieber unter Menschen bleiben. Gerade in diesem Land sprechen sie eine Sprache, die ich »verstehe«. Fische dagegen sind stumm!

Bei meiner Rückkehr fragt mich Mr. Galbraith: »Na, wie hat Ihnen Vatersay gefallen?« Ich antworte mit einem Erlebnis: »Ich war beim letzten Menschen, im letzten Haus der letzten Insel!« Mein Gastgeber kennt mich inzwischen näher. Er wird diese Umschreibung verstehen.

Mein Barra-Besuch geht zu Ende. In wenigen Stunden werde ich wieder am Fähranleger stehen. Die Frage, ob die verbliebenen Tagebuchseiten für die Insel-Notizen ausreichen würden, hat sich längst beantwortet. Noch vor der Abreise werde ich mir in Castlebay ein Schulheft hinzukaufen.

Die Wettergötter haben sich zum Abschied etwas Besonderes ausgedacht. Ein Regenbogen trifft genau die Kirche. Der bunte Strahl scheint nicht *vom*, sondern *aus* dem Himmel zu kommen. Nicht nur Gott, auch die Götter wohnen über den Wolken!

Ich warte im Hafen auf meine alte Bekannte, die *Lord of the Isles.* Bei der Felsnase hinter *Kiessimul Castle* würde sie auftauchen. Mr. Galbraith hatte mir von seiner Einladung auf die Burg erzählt – zu einer »Ceilidh«[16] beim Clanoberhaupt der MacNeil. Kerzen ringsum an den Wänden. Die Ehefrau des Chiefs begrüßte jeden Gast mit einem Glas Wein. Wer Hunger hatte, konnte sich bedienen. Über dem Feuer hing an langen Eisenketten ein Kessel. Daß der Clan-Chief anwesend war, verriet die Fahne, die über den Zinnen wehte. Mit Einbruch der Dunkelheit brannte dort als Signal ein Feuer. Mr. Galbraiths Bericht hatte mich etwas neidisch gemacht. So eine »Ceilidh« fehlte mir noch in meiner Sammlung der Schottland-Erlebnisse. Doch beim Reisen ist es wie in der Philatelie. In vielen Alben bleibt ein Platz leer, der irgendeiner Rarität. So begnüge ich mich mit einem Blick auf die Burg. Sie hat den mächtigsten aller Verteidiger, die See. Auf einen Felsen – kaum größer als ihr Grundriß – mitten in die Bucht gebaut, steigt jede Flut an ihren Mauern empor. Angreifer waren des Todes, wagten sie es, das Gesetz der Gezeiten zu mißachten. Die Verteidiger dagegen brauchten nur zu warten, bis die See die Belagerer hinwegspülte. Sie hatten die Natur auf ihrer Seite.

Die einlaufende *Lord of the Isles* scheint der Burg ebenso auszuweichen wie die früheren Feinde. Stahl respektiert Fels. Bald wird es wieder »Leinen los!« heißen. Der Ruf kappt eine Verbindung: die zwischen einem Radler und den »Landschollen, die im ›Sturm‹ zerbrachen«. Doch Taue sind nur ein Stück Hanf; Erinnerungen dagegen »verschleißen« nicht.

Königsgräber und eine Kirche

Ich hatte diese Reise »im Kielwasser eines Missionars« begonnen, und es gibt mehr als einen Grund, in ihrem weiteren Verlauf jene Stelle zu besuchen, wo sein Boot wieder Landberührung hatte: auf der Insel Iona. Noch pflügt die *Lord of the Isles* die See Richtung Osten; doch wenn sie am Festland anlegt, brauche ich nur umzusteigen. Dort wartet das Schwesterschiff, *Isle of Mull.* Ein letztes Mal Inselspringen.

In der Stadt Oban, in deren Hafen wir nun einlaufen, müßten bei dem Wetter, das uns empfängt, den Schafen Schwimmhäute zwischen den Klauen wachsen.

Obans Straßen sind Bäche! Alles Wasser, das vom Himmel kommt, sucht den Weg zurück ins Meer. So wird nichts aus der vielgepriesenen Panoramafahrt in die »Bucht von Craignure«. Wenn die Wettergötter es wollen, weint der Himmel. Mir ist zum Lästern: »Dann muß der Radler Trauer tragen.«

Tropfnasser Wald empfängt mich auf der Insel »Mull«. Schottischer Monsun. Nach fünfzig Kilometern wird die Straße enden, vorausgesetzt, der Regen schwemmt sie nicht in die Länge. Jetzt führt sie bergan, als suchte sie den Himmel. Der Eindruck täuscht. Es ist der Himmel, der *ihr* entgegenkommt.

»Loch Scridain«. Grau und unruhig. Der Wind hämmert die See. »Warum mußte der heilige Columba mit seinem Curragh in solch einer wetterwidrigen Ecke Schottlands anlegen? Die Pikten hätte er auch von Osten her missionieren können! Macht es denn einen Unterschied, aus welcher Richtung der Glaube kommt? Hauptsache, es ist der richtige!« Ich lästere schon wieder. Es ist ein Trick! Lästern läßt mißliche Situationen eher ertragen.

Das Ende der Straße! Sie war lang genug gewesen! Fügte man alle Häuser, die ich auf den fünfzig Kilometern passiert hatte, diesem »Fionnphort« hier hinzu, es entstünde noch immer kein richtiges Dorf. Am Anleger die Fähre. Verglichen mit dem, auf was ich bis jetzt mit meinem Rad gerollt war, eine Nußschale – aus Blech. Sie »liegt« nicht an den Leinen, sie »hüpft« angebunden auf den Wellen. Fast ist es lustig anzusehen. Der Kapitän überlegt noch: »Vertäut bleiben? Oder ablegen?« Er hat nicht nur das Steuer in den Händen, sondern auch die Verantwortung. Zwei weitere Interessenten sind eingetroffen, offenbar Bewohner Ionas. Das mag den Ausschlag geben. Ein Handzeichen: »Wir fahren!«

So etwas muß man gesehen haben! Das ist keine Fährfahrt, das ist Wellentanz. Das Rad, an einer Stange festgebunden, benimmt sich wie ein Kalb. Es zerrt an dem Strick, als sei Leben in ihm. Die See rollt von Backbord heran: Breitseite. Durch die Öffnungen der Brüstung strömt es grau an Deck. In dessen Mitte quillt es zwischen den Stahlplatten empor. Löcher in der Bugklappe wirken wie Wasserdüsen. Die See »löscht«, als brenne das Schiff. Gut, daß ich Gummistiefel trage!

Geschafft! Die Klappe senkt sich. »Willkommen auf Iona!«

Mut ist gefragt, will man das kleine Schiff wieder verlassen. Der Anleger steht unter Wasser. Die See umspült die Fähre. Die beiden Frauen kennen das schon. Sie ziehen ihre Schuhe aus, liften Mantel und Kleid, heben ihre Einkaufstaschen in Schulterhöhe und waten an Land. Ich vertraue auf meine Gummistiefel. Doch da ich das Rad balancieren muß, komme ich einige Sekunden in Verzug.

Die nächste Welle ist schneller; meine Stiefel sind randvoll. Was für ein Gefühl! Iona hatte mich »getauft«. Lachen, weinen, oder lästern? Lieber nicht hier. Ich bin auf der »heiligen Insel« der Schotten. Zwar nicht als Pilger, auch nicht als reuiger Sünder mit »Asche auf dem Haupt«, nur als neugieriger Radler.

Es herrscht nicht der erwartete Andrang. Die vorgerückte Jahreszeit und das Wetter mögen Schuld daran sein. Das macht Iona – trotz des Mißgeschicks – für mich schön, denn Stille betont jede Stimmung.

Columba hatte ein Gespür für den optimalen Platz eines Klosters gehabt: eine Insel, klein genug, um verschwiegen zu sein, groß genug, um ihm und seinen Mönchen eine Lebensbasis zu sichern. Dazu der Schutz der See und doch die Nachbarschaft zum nächsten, größeren Stück Land.

Aus dem Kielwasser des Missionars direkt in seine Spuren treten, das heißt, ein Schiff vom Ufer aus sehen und selbst an Bord gehen. So ein »Bordgang« auf Iona, der Besuch der Kirche und des uralten Friedhofs *Reilig Odrhrain* sind Schritte, die mich tief in die Geschichte Schottlands führen. Was Columba hier mit der Bibel begann, beendete Jahrhunderte später Kenneth MacAlpine I. mit harter Hand. Das Reich «Dalriada« starb, Schottland wurde »geboren« und hatte seinen ersten König.

Etwa eine halbe Million Menschen mögen jedes Jahr diese Stätte besuchen, die einst das Zentrum des Christentums in Europa war. Vergessen ist selbst das große Rom, wenn man sich mit der Kirchengeschichte Ionas befaßt. Doch Iona »glänzte« nicht nur, es brannte auch und litt. Fünf Wikingerüberfälle sind belegt. Die Nordmänner erschlugen Abt und Mönche. Einmal ließen sie achtundsechzig Leichen zurück. Iona missionierte weiter! Immer

Nur wenige keltische Kreuze haben auf Iona den Sturm der Reformation überlebt.

»heiliger« wurde es den Menschen. Könige legten Wert darauf, hier begraben zu werden, schottische, irische, norwegische. Vor etwa 500 Jahren zählte jemand die Gräber, er fand die von sechzig Herrschern. Oft war ihre Todesursache die gleiche: Kenneth MacAlpine I. ermordet, Duncan I. ermordet, sein Mörder, Macbeth, selbst ein Mordopfer... Schottische Geschichte: Hier ist sie in die Erde gebettet. Iona erlebte die Reformation, Glaubensstreit mit Feuer und Schwert. Es lag in Trümmern. Zerschlagen auch sein weltlicher Schatz, das Werk einer großen Künstlerschule, über dreihundert keltische Kreuze. Doch es starb nicht, es schlief nur. Heute gibt es Iona wieder – oder noch immer. Was für eine Stätte!

Ich habe es bereits geschrieben: Barock behindert das Beten eher. Es gibt Kirchen, die strapazieren das Auge und damit die Andacht. Schlichte Steinwände atmen dagegen jene Stille aus, die selbst in der heutigen Zeit noch von so mancher Menschenseele gesucht wird. So ist es in Iona! Die Kirche ist auch in einem anderen Sinn »beispielhaft«. Mit Erstaunen lese ich in ihr die Worte Pastor Niemöllers:

> »Erst kamen sie und holten die Kommunisten,
> und ich schwieg...
> dann kamen sie und holten die Juden,
> und ich schwieg,
> dann kamen sie und holten mich,
> und niemand war,
> der für mich sprach.«

Neben der »Mahnung« des Deutschen die Stimme des Bhagwan:

»Wenn im Herzen Rechtschaffenheit ist,
ist Schönheit im Charakter,
wenn Schönheit im Charakter ist,
herrscht Harmonie im Zuhause,
wenn Harmonie im Zuhause ist,
herrscht Ordnung in der Nation,
wenn Ordnung in der Nation ist,
ist Frieden in der Welt.«

Religionen melden sich in Iona zu Wort, aber auch Schicksale: »Aurora Nazario Arrieta«, ein fünfzehnjähriges Indianermädchen, von drei mexikanischen Polizeioffizieren vergewaltigt, »Rebecca Ipke«, Nigeria ..., »Emine Ocak«, Türkei ... Menschenrechte mit den Füßen getreten. Eine mutige Kirche, die solche Anklagen öffentlich aushängt! In einer Betnische ein Holzkreuz, wohl aus Strandgut. Bittzettel daran sprechen Wünsche aus. Was andere Menschen auf dem Herzen haben, ist für Neugierige eher tabu. Doch in Augenhöhe drängen sich mir Worte förmlich auf:

»Für alle Tiere auf dieser Erde,
die durch Menschenhand Leid erfahren.«

Iona missioniert noch immer! Man muß sich nur missionieren lassen!

Noch einmal der Weg über den *Reilig Odrhain*. Es ist ein Ort besonderen Schweigens. Seit vor mehr als hundert Jahren die Grabplatten entfernt worden sind, ruhen die Könige anonym.

Über Mörder und Ermordete ist die Natur hinweggegangen. So hat sie auf ihre Art ein Geschichtsbuch »geschlossen«.

Ich stehe wieder am Fähranleger und warte auf die schwimmende Nußschale. Ein Mann spricht mich an: »Sie möchten auf die andere Seite zurück? Ich glaube, die *Loch Buie* wird nicht mehr kommen. Die See ist zu rauh!« Was tun? Weiter warten? Vielleicht glättet ein Wunder die Wellen. Nach einigen Minuten kommt der Mann zurück. Er drückt mir einen Zettel in die Hand. »Wenn Sie diese Nummer anrufen, wird man Ihnen sagen, wie es aussieht.« Der Tip heißt: »700559«. Die Antwort ist kein Ja und kein Nein. Der Kapitän wartet ab. Zwei Stunden später wagt er es. Ich habe inzwischen warme Füße. Die Norwegersocken und das Innenfutter der Stiefel sind aufgequollen: ein nasser Wärmespeicher. Dieses Mal weiche ich der Welle aus. Mit: »Jetzt!« gebe ich mir selbst den Befehl zum Sprung. Iona tauft mich nicht ein zweites Mal.

Die schöne Insel Mull! Alles wie gehabt. Straße und Himmel finden sich wieder. Ich werde mir in Craignure – oder sonstwo – ein Bett suchen. Meine Bedingung ist bescheiden. Nur trocken muß es sein!

Der nächste Tag wirkt, als hätte sich der gestrige durch die Nacht gemogelt. Der Unterschied liegt nur im Kalenderblatt. Den Schafen auf Mull und denen drüben am Festland werden zu den Schwimmhäuten noch Flossen wachsen. Regen satt! Die *Isle of Mull* taucht vor Craignure auf – verschwommen, wie ein Auto aus der Waschanlage. An Bord schüttele ich mich gleich einem Hund, der den Wurfstock seines Herrn aus dem Wasser apportiert hat. Ein Mitglied der Crew lacht. Man sollte den Mann kielholen, dann sähe er genauso aus.

»Oban! Dich kenne ich doch! Auch du bist von gestern!« Schottisches Wetter kann »zeitlos« sein. Ich hatte bei Bauern geschlafen, bei jungen und bei alten Ladies, im Zelt und im Hotel. Daran mag es liegen, daß ich mir in der Stadt nun etwas ganz anderes suche, die Jugendherberge. Wenn Jungen im Pfadfinderalter in den Gängen artig Platz machen, oder in der Küche plötzlich das Raufen einstellen, weil da so ein bärtiger Alter auftaucht, dann fördert dies das Selbstbewußtsein. Aber ich habe mich geirrt! In der Herberge wohnt zur Zeit eher jugendliche Respektlosigkeit. Immerhin, man akzeptiert mich.

Eine Nacht im »Tal der Tränen«

Der Erfinder der Fensterscheibe sollte nachträglich mit dem Nobel-Preis bedacht werden. Man sieht den Regen – und wird nicht naß! Meine Stiefel im Heizungsraum der Herberge sind längst trocken, die Straßen draußen nicht. Schottland als Geduldsprobe! Doch Wetter ist kein Argument, ein Land zu meiden, die nächsten Etappen sind schon abgesteckt. Der erste Sonnenstrahl nach langem Grau wirkt zwar wie ein Scherz, aber er bringt mich sofort in den Sattel. »Good bye, Oban!«

Die Stürme der letzten Tage haben den Sommer hinweggefegt. Es ist Herbst geworden in den Highlands. Während der Zwangspause habe ich Zeit zum Lesen: *Glen Coe*. Jede Buchhandlung in Schottland führt den Titel. Die Straße gibt mir die Richtung vor: Kurs Nord. Noch einmal in die Geschichte des Landes.

Schon wenige Kilometer hinter Oban Geschichte zum »Anfassen«. *Dunstaffnage Castle:* erobert von Robert the Bruce, später Gefängnis von Flora MacDonald. An Stelle der Burg lag früher eine Feste der Könige von Dalriada, Aufbewahrungsort des »Stone of Destiny«[17]... Ein paar Radumdrehungen nur, und es folgt *The Black Castle of Bardalcine*, dann *Castle Starker.*

Das Wetter entschuldigt sich bei mir. »War nicht so gemeint, die vergangenen Tage!« Jetzt schenkt es mir Schiebewind und Sonne. Am Straßenrand Frauen, die Brombeeren pflücken. Am Wald-

Das Gefängnis von Flora MacDonald

saum werden Haselnüsse gesammelt. Es ist Erntezeit. Ein Gruß für den Radler. Ein Gruß für die Fleißigen. An anderer Stelle ein kurzes Gespräch: »Wohin so spät im Jahr mit dem Fahrrad?« Ich zeige nach Norden: »Ins *Glen Coe!*«

Die beiden Männer nicken. Der Name des Tals ist Antwort genug. Hinter der nächsten Kurve Schottland wie für einen Bildband: »Loch Creran« und sein Tal. Über beiden wachen wuchtige Berge.

Noch ein paar Stunden Naturgenuß, dann besinnt sich das Wetter. Es kann seine Herkunft nicht lange verleugnen: Atlantik, Island! Schon radle ich unter dem ersten Regenbogen. »Loch Linneh«, »Loch Leven«: Mir wird in diesem Augenblick gar nicht bewußt, daß ich mich hier vom Meer verabschiede. Meine Gedanken sind ganz woanders.

»Glen Coe«. Ich hatte eine längere Rast eingelegt. Bereitwillig ließ ich allen Motorisierten den Vortritt. Am späten Nachmittag würde es ruhiger sein. Ich möchte das Tal in Stille durchradeln.

Der Anstieg beginnt sanft. Um so mächtiger wirken die Berge, die das »Glen Coe« säumen. Sie waren einst Zeugen einer Tat, die in Schottland unvergessen bleibt. Könnten sie sprechen, so würden sie eine traurige Geschichte erzählen.

In dem Hochtal lebten einst die »MacDonalds of Glencoe«. Sie gehörten zu den letzten Highlanders, die dem englischen König den Treueschwur verweigerten. Doch wenige Tage, bevor die dafür gesetzte Frist ablief, besann sich der Clan Chief. Um die angedrohte Strafe von seinen Leuten abzuwenden, ritt er hinunter nach Fort William. Der Gouverneur klärte ihn auf: Er selbst sei für die Annahme des Schwurs nicht zuständig. Er schickte den Mann zum Sheriff des Distrikts. Der lange Weiterritt im Schneetreiben und die Abwesenheit des Sheriffs führten letztlich dazu, daß der

Wenn diese Berge erzählen könnten!

Schwur einige Tage verspätet zu Protokoll gebracht wurde. In den Amtsstuben rieb man sich die Hände. Jetzt konnte man gegen den Clan vorgehen – exemplarisch! Von »Beseitigen«, von »Ausmerzen« war die Rede. Die königliche Order für den Offizier, der die Truppe führte, lautete:

> »Sie haben hiermit den Befehl, die Rebellen,
> die MacDonalds von Glencoe, anzugreifen
> und alle ›unter das Schwert zu bringen‹,
> die jünger als siebzig sind!«

Daraufhin erschienen zwei Kompanien Soldaten in dem Bergtal. Mit dem Argument, die Garnison unten in Fort William sei zur Zeit überbelegt, bat der befehlende Offizier um Unterkunft für seine Leute. Wie es das Gesetz der Gastfreundschaft gebot, wurde ihm dies gewährt. Niemand vom Clan ahnte, daß die Soldaten eine Mordorder in der Tasche trugen. Ihr Chief, Alasdair MacDonald, hatte – wenngleich etwas verspätet – den Treueeid geleistet. Dieser war angenommen worden, und alles schien in Ordnung zu sein.

Schon zwei Wochen lebten die Soldaten mit den MacDonalds unter einem Dach. Sie aßen mit ihnen, man teilte sich den Platz am Torffeuer. Bis zu jenem Februarmorgen: Es war noch dunkel, als die Soldaten »befehlsgemäß« die Waffen zogen. Das Morden an ihren Gastgebern, deren Frauen und Kindern begann. Im Glen Coe müssen sich in diesen Stunden schreckliche Szenen abgespielt haben. Einigen gelang im Schneetreiben die Flucht. Doch wie viele von ihnen der »weiße Tod« einholte, weiß niemand. Berge sind stumm.

Dieses »Massaker von Glencoe« machte einen Artikel der englischen Militärordnung zur Makulatur. Gälte das Geschriebene, so wären zwei Kompanien samt ihrer Führung im Kerker gelandet, denn der Artikel lautet:

> »Jeder, der es sich erlaubt, seinen Gastgeber, dessen Frau, Kinder oder Bedienstete, bei denen er einquartiert ist, zu schlagen oder zu mißhandeln, soll in Eisen gelegt werden.«

Die Schotten haben nicht vergessen! Seither nennen sie das Glen Coe »Tal der Tränen«.

Ich habe den »Signal Rock« erreicht, jenen Felsen, von dem aus man das Tal überblicken kann. Es ist die Landschaft, die Stille ringsum und das Wissen um die Geschehnisse, die mich in diesen Minuten das Glen Coe »unter der Haut« spüren lassen.

Ich wollte mein Zelt am Fuße eines der Berge aufschlagen. Doch die Natur möchte ungestört sein. An dieser Stätte haben nächtliche »Wegelagerer« nichts zu suchen. Die Vorboten des nächsten Sturmes melden sich. Von Westen her wälzen sich Regenwolken in das Tal, so schwer, so grau, daß es scheint, als wolle das Meer selbst das Tal auffüllen. Ich versuche es mit einer Flucht. Aber die Fahrt über den Bergsattel »Rannoch Moor« ist nicht mehr zu schaffen. Sturm, Regen, Dunkelheit. Die Natur nimmt mich »gefangen«. Was ich in der mißlichen Situation zu meinem Glück entdecke, entpuppt sich als ein überaus angenehmes »Gefängnis«. Das funzelige Licht, welches links der Straße auszumachen war, gehört, wie sich nun zeigt, zu *King's House*, einem Oldtimer unter den schottischen Gaststätten. Schliefen nach der Schlacht von Culloden unter seinem Dach die englischen Soldaten, die Jagd auf den letzten Stuart machten, so sind es seit fast hundert Jahren Reisende in Sachen Natur.

Ich bitte *nicht* um ein besonders billiges Bett; ich bekomme es auch so. Der Mann am Tresen vermutet bei meinem Anblick, ich sei ein verspäteter Wanderer aus den Bergen. Ich korrigiere ihn: »Nein, draußen steht mein Fahrrad!« »Push bike?« Dafür gibt es das Bett zum halben Preis. Er schiebt einen weiteren Grund nach: »Jetzt haben wir sowieso kaum Gäste!«

Der Sturm klopft nicht ans Fenster, er rüttelt daran! Dabei drückt er den Regen durch die Fugen. Der Aschenbrecher am Fensterbrett ist zu schwer zum Schwimmen, er wird zur kleinen »Werft«. Ähnlich würde es jetzt draußen meinem Zelt gehen. Bin ich froh, *King's House* gefunden zu haben! Das »Tal der Tränen« wäre für mich womöglich zu einem »Tal der bösen Überraschung« geworden. Wasser vom Himmel, Wasser von den Bergen, Wasser aus

Das Glen Coe

moorigem Grund emporsteigend. Schon mehr als ein Naturfan war da mit seinem Zelt ins Schwimmen geraten. Als ich die Sturmnacht draußen höre, wird mir die Geschichte des Glen Coe noch anschaulicher: Menschen auf der Flucht in diese Berge – nicht bei Regen, sondern im Schneesturm, nicht in der Allwetter-Outdoor-Ausrüstung heutiger Reisender, sondern mit dem am Körper, was man gerade noch überwirft, wenn ringsum Todesschreie zu hören sind und man dem Bajonett der Soldaten entkommen möchte.

Ich habe doppeltes Glück. *King's House* hat Kontakt zu einer Wetterstation. Was *Oceanroutes* am nächsten Morgen faxt, gilt zwar nicht mir, doch es bedeutet so viel wie: »Radler, verschwinde aus den Bergen!« Die Vorhersage liest sich wie ein Wetter-Krimi: »Winds strong to gale force… remaining windy with blustery showers… west to northwesterly strong to gale force…« Ich sehe mich wieder das Rad auf Harris »in Vorhalte« schieben, den Bug der *Lord of the Isles* als Wellenkeil. Die »Mahnung« von *Oceanroutes* ist unbedingt zu befolgen. Nach dem Abschied vom Meer, Abschied von den »Grampian Mountains«. Im Lee der Berge gelingt es mir vielleicht, mich noch ein Stückchen weiter durchs Land zu mogeln; denn wer süchtig geworden ist auf Schottland, der kann es nicht lassen.

Besuch bei zwei Toten

»Gale force«, Wind mit Sturmstärke, hatte die Wetterstation *Oceanroutes* gemeldet. Nun bläst es mich über den Bergsattel »Rannoch Moor« – eingewickelt in die prophezeiten »blustery showers«. Wer die Berge des Glen Coe und später das Rannoch Moor sieht, der begreift, unter welchem »Schutz der Natur« die MacDonalds einst hier wohnten. Doch gegen schändliche Hinterlist, die das Gesetz der Gastfreundschaft zur Tarnung mißbraucht, helfen diese Verbündeten nicht.

Das Rannoch Moor zeigt bei diesem Wetter so richtig sein düsteres Gesicht: mattbraun und bleifarben. Hie und da läßt ein durchbrechender Sonnenstrahl das Wasser eines Moorsees aufblitzen. Ein trügerisches Lächeln – schon wischt es die nächste Regenstaffel beiseite. Nun neigt sich die Straße talwärts. Bald kann ich wieder »Glens« sammeln.

Die Berge verabschieden mich mit einem wahren Feuerwerk bunter Bögen. So etwas habe ich noch nicht erlebt. Jedem Schauer schickt die Sonne einen Regenbogen hinterher. An diesem Morgen gebe ich Schottland einen neuen Namen: »Land der Regenbögen«.

Abschwung nach links: mein erstes Tal, »Glen Orchy«. Wieder so ein Stück Natur, das man anderen neidet. Die heftigen Niederschläge haben den River Orchy zum Wildwasser anschwellen lassen. Er fließt nicht mehr, er »bricht« sich seinen Weg. Erst kurz vor der Mündung in Loch Awe beruhigt sich der Fluß. Ein Stück Uferfahrt, dann das zweite Tal. »Glen Aray«. Talfahrt mit Berggang! Man muß eben mit allem rechnen. Im Rückblick der mächtige »Ben Cruachan«. An seiner Flanke der »Pass of Brander«. Auf ihm ist in Clan-Schlachten viel Blut geflossen. Unten am Seeufer *Kilchurn Castle*. Irgendwo im Wasser ein Inselchen, auf dem der Held Fraoch begraben liegt. Er starb im Kampf mit dem Drachen, der die Eberesche ewiger Jugend bewachte. Schottlands Geschichte und seine Sagenwelt. Dieses Mal nur »auf Distanz«.

Ich hatte mir ein etwas seltsames Ziel ausgesucht: ein Gefängnis. Wie am Berg, so gibt es auch bei Glen Aray ein »Behind«. Es heißt Inveraray. Man kann Geschichte an vielen Orten nacherleben, warum nicht auch durch einen Blick hinter Gitter? Kauf des obligatorischen Tickets, dann werde ich eingelassen – in die Welt der kleinen Halunken, aber auch der Mörder. Sie »sitzen« noch immer in ihren Zellen von 1822 – sogar auf dem Plumpsklo, die Hose am Hacken. Was Maskenbildner nicht alles aus Gips, Pappe und Wachs fertigen können! Ich »beobachte« die Einsitzenden, wie sie Werg zupfen oder Fischernetze knüpfen. Ihr Arbeitstag dauerte zehn Stunden. Gerade betrachte ich den Häftling Nr. 364. Plötzlich zuckt sein linkes Augenlid. Welche Tricks die Technik doch auf Lager hat! Wieder dieses Zucken, jetzt am anderen Auge; dann in den Mundwinkeln. Das ganze Gesicht beginnt zu leben. Nun steht die Gestalt auch noch roboterhaft auf und reicht mir die Hand. O Schreck! Die Hand ist warm und weich. Der Kerl ist echt! »Gut gespielt! Sehr gut gespielt!« mache ich dem Mann ein Kompliment. Zum Schluß werde *ich* eingesperrt, Probegehen in der Frischluftzelle! »Nun wie ist es?« erkundigt sich der Wärter. Jetzt spiele *ich*: »Nicht übel! Ein guter Platz, um über den tieferen Sinn

Er hat die Schlüsselgewalt über das alte Gefängnis von Inveraray.

des Lebens nachzudenken. Ich fühle mich hier wohl!« Der Wärter geht – selbst nachdenklich geworden, wie mir scheint. Nach einigen Minuten kommt er wieder. Ich lese inzwischen in meinem Tagebuch und ignoriere den Mann. Als er mich fragt: »Fühlen Sie sich immer noch wohl?«, antworte ich ohne aufzuschauen: »Sehr!« Was tun? Der Gefängnisangestellte hat natürlich Order, Gästen nur kurz das Gefühl, eingesperrt zu sein, zu vermitteln. Aber jetzt will doch tatsächlich einer in der Zelle bleiben. Das ist nicht vorgesehen. Wir einigen uns lachend. Das Türschloß hat einen verdeckten Hebel, für den Fall, daß der Wärter in Ohnmacht fällt, kann man sich selbst befreien. Ich »breche« aus! »Sie haben es wohl nicht eilig?«, spricht mich der Mann an. Ich deute auf den Schuppen, der zum Gefängnis gehört: »Dort drin steht mein Fahrrad. Die Frau an der Kasse meinte, da wäre es sicherer – wegen des vielen Gepäcks.« Der Begriff »Fahrrad« ist wieder das Stichwort. Es provoziert sofort Fragen. Unser Gespräch dauert lange. Schließlich meint der Wärter: »Sie haben unser Land wirklich ›gesehen‹. Ich beneide Sie!« Das Kompliment kommt später ins Tagebuch und ins Radgepäck. Dort mag es sich in Gesellschaft ähnlicher wohl fühlen. Der Wärter hat noch eine Frage: »Und wohin soll es jetzt gehen?« Ich antworte: »Den alten MacPhunn und Rob Roy besuchen!« Einen Augenblick Verblüffung, dann hat er verstanden. Der Radler will zu zwei Toten!

Es gibt vieles zu belächeln im alten Gefängnis von Inveraray, von der nachgestellten Gerichtsverhandlung bis zur »Rattenjagd« in einem der Gänge. Doch das eigentlich Interessante steht in den Chroniken. Der jüngste Insasse war sieben Jahre alt. Ein Dreizehnjähriger saß hier wegen des Diebstahls einer Feldrübe dreißig Tage hinter Gitter. Der fünfzehnjährige John Cameron, ein Waisenkind, das seine jüngeren Geschwister ernähren mußte, war des

Schafdiebstahls angeklagt. Im Bericht des Staatsanwaltes an die Vertretung der Krone hieß es: »... Das Haus, in dem die Kinder leben, ist kaum besser als ein irischer Schweinestall. Der Täter hat sich bei seiner Verhaftung in einer solchen Nacktheit befunden, daß man erst Bekleidung für ihn beschafften mußte ...« Und weil das Gericht davon ausging, daß der Junge, um nicht zu verhungern, wieder Schafe stehlen müßte, lautete das Urteil auf »zwei Jahre Inveraray«. So – und schlimmer – liest sich die Gefängnisgeschichte: Haft wegen unerlaubtem Schlafen in einer Scheune, Deportation nach Australien wegen Wäschediebstahl von der Leine ... Die Lords ließen den Highlanders zwar die Wäsche, dafür nahmen sie ihnen das Land – und niemand klagte sie an! Maßstäbe für Recht und Unrecht. So ist Inveraray zwar zum Lächeln, es stimmt aber auch nachdenklich.

Noch immer radle ich in Regenbogenbegleitung. Aber im Rücken der Berge bekommt die Sonne mehr und mehr das Sagen. »Schottland, du kannst so schön sein, wenn die Wettergötter es wollen!« Die Laubbäume haben einen goldenen Blätterkranz um »Loch Fyne« gelegt. Ein Anblick, der selbst Schwermütige aufmuntern müßte. Die Stimmung ist eigentlich viel zu heiter, als daß man einen Toten besuchen sollte. Doch es ist Radlerprogramm.

Meinen ersten schottischen Whisky hatte ich im *Five Arms* von Port William getrunken, jenen von dem Iren spendierten. Jetzt gibt es einen Grund, mir den vielleicht letzten zu genehmigen. Die Bedienung des *Craggan's Inn* beim Weiler Strachur mag das schon kennen: »Einen *Old MacPhunn*‹ bitte!« Es ist keine Nobelmarke, die ich da verlange, aber eine »sagenhafte«.

Ein Mitglied der MacPhunns war des Schafdiebstahls überführt, was ihn an den Strang brachte. Als die Witwe des Gehängten den Toten im Boot zur Beerdigung nach Strachur zurückholte, bemerkte sie ein Zucken in seinem Gesicht. Schnell flößte sie ihm einen Schluck »Uisge beatha« ein, das »Lebenswasser« der Schotten. Ein zweiter Schluck beschleunigte die Rückkehr vom Tod zum Leben. Den dritten nahm der Gehängte bereits selbst aus der Flasche. Und da das Gesetz nochmaliges Hängen verbot, konnte MacPhunn frei weiterleben – mit leicht verrenktem Hals – wie es hieß. Der Whisky wurde im Keller des Hauses weitergebrannt, und wegen seiner erwiesenen Wirkung war er bald eine begehrte Schmuggelware. Leider kann mir die Frau keine Flasche dieses »Lebenswassers« verkaufen: zu rar, zu sehr gefragt. Aber sie gibt mir einen Tip: Bei *Andrew Laing & Co. Ltd.*, Glasgow, wird er noch immer nach altem Rezept destilliert.

Ein bißchen muß ich schon suchen, um den Toten zu finden. Aber neben der Kirchentür auf dem alten Friedhof von Strachur entdecke ich den Stein mit der Inschrift: »The burying place of The MacPhunns of Dripp«. Auch ein noch so legendärer Whisky schenkt nicht das ewige Leben! Was mag dran sein an der Geschichte? Könnten wir noch den Seanachie fragen, der sie erzählte, so antwortete er uns vielleicht: »Ma's Breng bhuam e, is breng dhome e.« Was so viel heißt wie: »Wenn es gelogen ist, was ich erzähle, so war es eben gelogen, was man mir erzählt hat.«

Es könnte noch klappen mit dem Besuch des zweiten Toten. »Wintereinbruch in den Bergen«, hatte die Wetterstation vorausgesagt. Ich muß mich sputen. Schon bin ich wieder im Sattel. »Glen Kinglas« empfängt den Radler mit einer ekelhaften Steigung, doch der Paß versöhnt den Geplagten durch seinen schönen Namen: »Rest and be thankful«. Ich bedanke mich bei den Bergen, daß sie die Straße wieder ins Tal zurücklassen. Schußfahrt hinunter an »Long Long«. Weiter von See zu See. Ein Bett bei einem Bauern im »Glen Falloch«. Noch immer Nordkurs! Die Berge voraus werden höher. Schon radle ich wieder am Fuße der »Grampian Mountains«. Ich hatte mich doch von ihnen verabschiedet – und sie sich von mir, mit einer Salve Regenbögen. *Glen Orchert*, eine alte Mühle, ein Café! Kurze Rast bei Selbstgebackenem. »Sie sehen aus, als kämen Sie gerade von den Bergen«, meint die Frau. Ich deute auf das Rad, das draußen an einer Eberesche lehnt. »So spät im Jahr?« Schon wieder soll ich erzählen. »Noch ein Brötchen mit Blaubeeren, oder lieber einen Brotpudding?« Wer lehnt so etwas schon ab! Die »scones« sind fest und schwer, mit einem dunklen Rand, als seien sie durchs Feuer »gerollt«. Eigentlich ist mir nach »Beine hochlegen«. Doch ein Tief reist schneller als ein Radler. Ich muß weiter. Noch immer Höhenluft. Dann ein letztes Glen und die Abzweigung zu Loch Voil. Ich bin am Ziel, am Grab von Rob Roy MacGregor!

Nach so viel Schottland ist der Name für mich mehr als nur ein Filmtitel. Rob Roy verkörperte die alten Traditionswerte der Clans. Sein Wort galt. Er war bekannt für seine Manneskraft. Kaum ein anderer Highlander führte das Schwert besser als er. Am »Paß von Killikrankie« kämpfte er an der Seite seines Vaters. Nach der Schlacht von Sheriffmuir gefangengenommen, gelang ihm die Flucht. Er beherrschte, für einen Highlander höchst ungewöhnlich, vier Sprachen: Englisch, Gälisch, Latein und Französisch. Doch ansonsten tat er es seinen Landsleuten gleich. Er handelte mit Vieh – und stahl Vieh. Solcher Diebstahl war damals »guter Brauch«. Man nahm es den Reichen, damit es den Armen besserging. Dabei beließ man dem Bestohlenen stets soviel, daß er nicht selbst in Not geriet.

Der Name MacGregor stand in den Highlands auch für Gerechtigkeit. Als Männer des Clans einen königlichen Forstaufseher erschlugen, legte der Chief dessen Haupt auf den Altar der Kirche. Dann schwor er, und gleiches verlangte er von seinen Leuten, daß man unter Einsatz des eigenen Lebens die Schuldigen verfolgen und bestrafen werde. Was nichts anderes bedeutete als das Schwert für Mitglieder seines Clans.

Rob Roys Geschichte steht letzendlich auch für die Geschichte Schottlands. Über die MacGregors wurde der Bann verhängt. Jeder, der diesen Namen trug, konnte wie ein Tier erschlagen werden. Wer nicht Zuflucht in den Bergen fand, der mußte seinen Namen verleugnen. Rob Roys Versteck war eine Höhle über »Loch Arklet«. Später begnadigt, fand er seinen Clan zerstört. Die letzten Minuten seines Lebens sind überliefert. Bereits todkrank, erhielt er Besuch. Wie es sich für das Oberhaupt eines Clans gebührte, stand er auf und legte den Kilt an, um seinen Gast zu empfangen. Als dieser gegangen war, sagte er zu seiner Frau: »It's all over now. Call the pipers.«

In den Highlands trauerte man. Mit Rob Roy MacGregor war ein Mann gestorben, der das alte Schottland und seine Clangeschichte verkörperte. Sein Grab auf dem Friedhof von Balquhidder ist schlicht. Er hat einen Platz in den Herzen der Highlanders.

»Ich werde am Fenster stehen!«

Es war nicht um Tage, sondern nur noch um Stunden gegangen. Über den »Ben More« und seine Nachbarberge bricht es ins Land. Schnee auf den Gipfeln, Regenflut für die Täler. Die Berge haben Reißverschlußwirkung für die Wolken. Es ist schön, als »letzer Besucher« eines Landes der abgezogenen Herde Reisender nachzuziehen und es, sozusagen von ihnen zurückgelassen, wieder in Besitz zu nehmen. Doch jetzt geht es mir wie schon so häufig als Nachzügler. Ich werde des Landes »verwiesen«. Das letzte Schaf beißen die Hunde, den letzten Radler der Winter.

Ich trage »volle Montur«, wasser- und winddicht. Der »Pass of Leny«. Nicht die Höhe ist das Hindernis, eher das Wetter. Ein Wildbach begleitet mit schäumenden Kaskaden die Straße ins nächste Tal. Da mir der Wind die Krempe des Südwesters ins Gesicht drückt, hätte ich das kleine Schild fast übersehen. Vorsichtiges Bremsen. Aquaplaning kennen auch Radler. »B & B«: handgemalt, das Haus von Büschen fast verdeckt. Etwas weißer Kalk, etwas Blau. Das verspricht Gemütlichkeit hinter grüner Naturfassade.

Ich kenne das, so mancher meiner Gastgeber auch! Vor der Tür steht eine Figur, die nicht gerade in einen Modekatalog paßt, auch nicht in einen mit der Aufschrift: »Outdoor«. Aber man gibt ihr keine Gelegenheit, sich vorher der triefenden Klamotten zu entledigen, sondern zieht sie herein – mit Worten, notfalls »handgreif-

»My home is my castle!«

lich«. So ist es auch jetzt. Ich stehe im Flur von Mrs. Mearns, von Georgina Mearns. Der Teppichboden zu meinen Füßen saugt begierig das Wasser auf, das von meiner Bekleidung rinnt. Der dunkle Fleck zu meinen Füßen wird immer größer. Ich zeige entschuldigend nach unten: »Das war nicht nötig, Mrs. Mearns!« Die Antwort, die ich erhalte, dürfte man in unserem Land kaum je zu hören bekommen: »Wofür ist der Teppich denn da!«

»Ausziehen! Die nassen Sachen her, auch die Gummistiefel!« Der Ton macht deutlich: Das ist ein Befehl. »Ich werde das aufhängen und die Stiefel ausstopfen. Morgen ist alles wieder trocken!« Aus dem Befehl wird ein Versprechen. Georgina Mearns, gleich nur noch »Georgina«, steckt die Gastfreundschaft im Erbgut. Nun lerne ich auch ihren Mann kennen. Die Szene wäre etwas für Maler wie Spitzweg. Mr. Mearns steht mitten im

Schlafzimmer, vor seiner Musikanlage. Mit der rechten Hand scheint er die Töne aufzufangen, die die Lautsprecher ihm »entgegenwerfen«. Nach was er da so »greift«, sind die Klänge des finnischen Komponisten Sibelius. Ich bemerke zur Begrüßung: »Da hört man die Weite der Wälder!« Mr. Mearns nickt abwesend. »Ein Gast? Fühlen Sie sich wohl bei uns, meine Frau wird für alles sorgen!« »Ich fühle mich... sie hat schon...!«

Wenn ich es nicht gleich bemerkt hatte, so wird mir doch später im Gespräch klar: Es ist ein Erlebnis, an Menschen wie Mr. Mearns zu geraten. Nur wenige Plauderminuten, und man begreift, daß einem intellektueller Schliff gegenübersitzt. Solche Menschen können sich ein Loch im Socken und plattgetretene Hausschuhe erlauben. Einer Krawatte zum symbolischen Zusammenhalten der Persönlichkeit bedarf es nicht. »Gleich wird er in Reimen mit dir sprechen«, denke ich, wie er da so seine Empfehlungen ausdrückt: Exhibition in Callander, *Burell Collection, Art Gallery* in Glasgow... Ich bin nicht nur überrascht, sondern fast überrumpelt von dem, was mich hinter dieser bescheidenen Kalkfassade erwartet. Sofas und Sessel, die die Luft aushauchen, wenn man sich hineinsetzt. Bleikristall bricht das Licht der Kerzenlampen von den Wänden. Samt dämpft Geräusche. Nicht nur Sibelius, auch Brahms wären dazu passende würdige Klänge.

Der Abend endet mit dem Angebot: Ob ich morgen früh einen Becher Tee mit ein paar Keksen ans Bett möchte? Ich möchte – schon wegen der Originalität! Später sehe ich: Es wartet nicht nur ein weiches Bett auf mich, sondern auch eine Bibel. Dezent dort abgelegt, wo eigentlich meine Hausschuhe stehen müßten – besäße ich welche.

Weltweit beginnen alle Bibeln gleich! »Am Anfang erschuf Gott Himmel und Erde.« 1. Buch Moses, Genesis 1. Was sie trotzdem unterscheidet, ist der Vorspann; und das Exemplar, das mir hier zu Füßen gelegt wurde, beginnt einfach schön: »From the Congregation of St. Ninians United Church to the Most High and Mighty Prince James by The Grace of God King of Great Britain, France and Ireland, Defender of the faith and the bright Occidental Star, Queen Elizabeth, of most happy Memories ...« Ein Thomas Mann könnte sich in dieser Widmung geübt haben. Kommata im halben Dutzend, ein einziger Satz zum Seitenumblättern. Bibeln sind alle gleich, und doch haben sie ihr eigenes »geschichtliches« Gesicht.

Am nächsten Morgen kommt der versprochene Tee: »Christian! Your mug of tea!« »Danke, Georgina!« Später Fortsetzung des Szenenbildes von gestern abend. Mr. Mearns hat sich entschuldigen lassen. »Arzttermin! Leider! Man hätte noch so gerne miteinander geplaudert!« Ich sitze wieder an der »Tafel«. Der Tisch ist gedeckt, als erwarte man zum Frühstück weitere Gäste. Beim Anblick der krummbeinigen Teekanne drängt sich mir ein Bild auf. Ich muß lachen. »Gleich wird sie zu bellen beginnen wie ein englisches Schoßhündchen – und loslaufen. Die Zuckerdose – noch krummbeiniger – wird ihr folgen, etwas schriller im Kläffen. Zwei ›Hunde‹, die so weit von einem richtigen Hund entfernt sind, wie englisches Tafelsilber von zweckmäßigem Haushaltsgeschirr.« Georgina kommt herein, mit liebem Befehlston: »Christian! Du wirst das alles aufessen! Was du nicht schaffst, das packst du dir ein!« »Zu Befehl! Ich werde gar nichts, weder aufessen, noch einpacken!« Doch eine Georgina Mearns kennt kein Widerwort. Sie geht und kommt mit einer Plastiktüte wieder: »Wenn du nicht willst, dann mache ich es für dich!« Sie stellt das fertige Paket vor mich hin – ein »Freßpaket« für hundert Meilen Highlands. »Mitnehmen!« Die Stimme ist eine »Order«, die keinen Widerspruch duldet. Genau so hatte es geklungen: »Ausziehen! Die nassen Sachen her! Auch die Gummistiefel!«

Das alles bekomme ich jetzt wieder – staubtrocken. Und wie verabschiedet Schottland einen Radler, den man so richtig bemuttern konnte? Ich ahne es! Georginas Hand legt sich auf meine linke Schulter. Ihr Gesicht nähert sich dem meinen. Ich weiß, was jetzt kommt, drehe den Kopf etwas nach rechts. Dann sehe ich: Sie holt noch einmal aus. Jetzt den Kopf etwas nach links! Fünfundsechzig Jahre küssen sechsundfünfzig. Welch ein herzliches Willkommen, welch ein herzlicher Abschied!

Auf der Straße liegt ein Streublümchenmuster aus gelben Birkenblättern. Der Regen hat sie von den Bäumen geschlagen. Die Fächer des Adlerfarns hängen nässeschwer herab. Der Himmel weint noch immer. Wassertretend durchradle ich eine der schönsten Landschaften Schottlands – ohne viel von ihr zu sehen. Kein Maler hätte die »Trossachs« gemalt, kein Dichter sie im Poem besungen, hätten sie die Berge und Seen an einem Tag wie diesem erlebt. Der Anstieg durch den »Queen Elizabeth Forest«. Die Straße wird zum Bach. Das Streublümchenmuster schwimmt darauf, die Blätter schaukeln auf kleinen Kräuselwellen zu Tal. Als ich einen Moment stehenbleibe, werden meine Gummistiefel zu »Brückenpfeilern«. Das eine oder andere Birkenblatt »zerschellt« an ihnen. Ich werde den ganzen Tag im Sattel bleiben müssen und mich aus dem Beutel, den mir Georgina mitgegeben hatte, verköstigen. Am Ende komme ich auf die Zielgerade nach Glasgow. Etappenziel oder Endziel? Irgendwie beides. Eine schwarze Hand auf weißem Wegweiser zeigt es: nur noch wenige Kilometer.

Es mangelt nicht an Wind, aber häufig an Sonne zum Wäschetrocknen.

Man stelle sich den Wechsel vor: aus einer leeren Bergwelt in eine Millionenstadt. Erst war ich im Regen geschwommen, jetzt im Verkehr. Das »Immer-brav-links« wird bei so viel rollendem Blech zum Problem. Mein Ziel ist der Airport. Damit schließt sich ein großer Kreis. Mein »Celtic trail« ist fast zu Ende, fast. Ich besitze von Glasgow keinen Stadtplan. Ein Auge für den Verkehr, ein Auge für den Himmel. Die alte Regel: Flugzeuge sind Wegweiser zu jedem Airport. Wenn sie das Fahrwerk ausfahren, ist er noch etwa fünfzehn Kilometer entfernt.

Beinahe hätte es geklappt mit den »fliegenden Lotsen«! Doch nun stehe ich vor einem nassen Hindernis, dem Clyde. Hundert Meter über mir – und für mich unerreichbar wie für den Fuchs die Trauben – die Brücke. Der Polizeiwagen kommt im richtigen Augenblick. Ich gebe Handzeichen, man stoppt. »Sorry, Sir, wie gelange ich dort oben hinauf, ich möchte zum Flughafen?« Mein Finger deutet bei der Frage in die Senkrechte. Der Beamte steigt aus, erklärt mir den Weg: »Dort zwischen den Häusern hindurch, dann links. Sie können Ihr Rad über den Spielplatz schieben. Nehmen Sie die rechte Seite der Brücke, die linke ist für Bikes gesperrt.« Ich bedanke mich – eine höfliche und präzise Auskunft. Später sehe ich: Ohne den Tip mit dem Kinderspielplatz wäre das Hangkraxeln nicht nur recht mühevoll gewesen, ich hätte auch linksverkehr-orientiert, ansonsten richtig, den falschen Brückenzugang erreicht. Als ich das Rad in luftiger Höhe über den Clyde schiebe, ahne ich nicht, daß Schottland am anderen Ufer noch ein besonders schönes Erlebnis für mich bereit hält.

Nach etlichen tausend Kilometern Natur muß man sich, wieder in den engeren Maschen der Zivilisation, gewissen Regeln beugen. Es beginnt schon mit dem Rad. Die Samsonite- oder gar echten

Schweinslederkoffer »feinerer« Flugpassagiere mögen weder Schmutz noch Kettenöl. Verständlich! Ich selbst sollte auch aus meiner Verkleidung schlüpfen. In einer der Packtaschen lagert ganz unten eine Garnitur saubere Wäsche. Für diese Verwandlung vom Radler zum Flugreisenden suche ich mir stets in der Nähe des Airports eine Unterkunft. Am nächsten Tag geht dann alles reibungsloser.

Hat man den Häuserbrei Glasgows erst einmal hinter sich, so radelt man wieder im Grünen. Dort die Stadt, vor mir der Airport, dazwischen Wiesen und Felder. Keine Spur mehr von dem, was bis vor wenigen Jahren den eher traurigen Ruf Glasgows begründete: seine Schwerindustrie – mit allen Folgen ihres Niedergangs. Ich halte beim erstbesten Bauernhof. Der Farmer spitzt gerade Weidenpfähle an. Ich muß seine Säge übertönen: »Sir!« Der Mann hat mich gehört. »Bed and Breakfast?« Ja, »Donny« macht das hier! Er ist ein ganz lieber Kerl! »Sehen Sie die Hecke dort – das Dach dahinter …? Wenn Sie dort vorne rechts …«

Ein bißchen herumwinkeln, noch fünfhundert Meter Feldweg: Ich bin bei Donny! Kaum rolle ich mit meinem Rad auf den Hof, werde ich lautstark begrüßt, von Hunden. Vier Schnauzen bellen gleichzeitig. Stehenbleiben, ruhig sprechen, auf die Schwanzspitzen achten! Tierpsychologie, auf vielen Radtouren erprobt. Aus dem Bellen wird leises Knurren; es stumpft ab, wird mißtrauisch. Bald folgt Neugierde. Fremde Beine sind zum Beschnüffeln: Ich habe gewonnen. In der Tür des Hauses erscheint ein Mann. Mit seiner Figur füllt er den Rahmen aus. Seine Begrüßung beginnt er mit einer Erklärung: »Das sind meine ›Kinder‹! Die tun nichts!« Die Frage nach einem Bett erübrigt sich. »Wie haben Sie hierhergefunden?« Ich deute nach rückwärts: »Der Farmer dort hinten!« »Ach ja, der Polizist! Das ist kein richtiger Farmer«, werde ich aufgeklärt. »Das ist ein pensionierter Polizist. Er hat sich den Hof gekauft, macht ihm Spaß!« Erst jetzt folgt das »Shake hands«. »Ich bin Donny!« »Und ich Christian!« »Komm herein!« Seine Handbewegung gilt auch den »Kindern«. Sie stupsen mich fast zur Seite, so schnell sind sie im Haus. Donny stellt sich mir etwas genauer vor: »Ich bin so etwas wie ein ›Tier-Retter‹. Menschen – und Tiere! Du weißt schon, was ich meine.« Als er mir empfiehlt, mein Rad in die Scheune zu schieben, finde ich dort noch mehr »Familienmitglieder«, selbst ein Hängebauchschwein. »Ein ganz lieber Kerl!« hatte der Farmer-Polizist gesagt. Es stimmt! Wer sich wie dieser Donny verwaister Kreaturen annimmt und sie seine »Kinder« nennt – über einen solchen Menschen braucht man keine Biographie zu lesen. Sein Handeln ist Steckbrief genug.

Das Innere des Hauses von Georgina und ihrem Mann hatte mich überrascht. Was mich aber hier bei Donny erwartet, das liegt jenseits aller Vorstellungen. Durch die Tür eines Bauernhauses war ich gegangen, ein »Schloßmuseum« hatte ich betreten. Stehenbleiben, staunen, vorsichtig weitergehn – man könnte etwas umstoßen oder herunterwerfen! Möbelholz, im letzten Jahrhundert – oder früher – gedrechselt. Porzellan und schweres Bleikristall, Messing und Bronze, Öl und Blattgold. Die Fenster sind samtverhangene Lichtschächte – zugestellt mit alten Fotos, Lampen, Pokalen. Jeder, der unvorbereitet dieses Haus betritt, wird erstaunt stehenbleiben und erst einmal tief Luft holen. Donny sieht meine Verblüffung – und übergeht sie. »Wenn es sich nicht von selber ergibt«, denke ich, »wirst du ihn nicht fragen. Das kann nur der mumifizierte Reichtum vieler Generationen sein.« Mit einer Handbewegung lotst er mich ins nächste Zimmer. Er klemmt seine Leibesfülle zwischen Klavier und Hochlehnstuhl hindurch: »Hier werde ich dir das Frühstück machen!« Dann greift er in eine Gläsersammlung und nach einer Flasche: »Du trinkst das sicher!« Ich nicke. Mit meinen Gedanken bin ich ganz woanders: »Was für ein ›Museum‹, hier in den Feldern vor den Toren Glasgows!« Nun frage ich doch: »Donny, wer pflegt das alles? Es muß eine Menge Arbeit machen!« Er reicht mir das Whiskyglas und legt dabei seine linke Hand mit gespreizten Fingern auf die Brust: »Ich!« Dann zeigt er auf ein Foto: »Das ist meine Tochter ... sie ... Meine Frau hat ...« Ich begreife! Das Leben ist eigenwillig. Manche Menschen beschenkt es materiell und nimmt ihnen doch Wertvolleres.

Es gäbe noch viel zu erzählen von Donny, seinen Kindern und seinem »Museum«. Nur eine kleine Szene, die mehr aussagt als lange Schilderungen. Während wir abends über Schottland und über meine Tour redeten, fiel mein Blick auf ein kleines Ölgemälde. Die Landschaft darauf kannte ich. Der Künstler hatte sie in besonders düsteren Farben gemalt, so als wolle er damit ihre Geschichte ausdrücken. Donny, der meinen Blick bemerkt hatte, fragte: »Kennst du das?« Und ob ich dieses Bergtal kannte! Ich antwortete: »Das Glen Coe, vom ›Signal Rock‹ aus gesehen!« Donny schwieg darauf eine Weile, dann sagte er: »Ich bin ein MacDonald ... eine traurige Geschichte!« Mir war in diesem Augenblick, als klappte mein Tagebuch zu, laut, wie ein dicker Bibliotheksband vom Pult fällt. Schottland, nun schon fast hinter mir, hatte mich noch einmal eingeholt.

Doch noch hat das Land den Radler nicht endgültig verabschiedet. Ich hatte Donny gebeten, mir kein Frühstück zu machen. Der Service an Bord der Maschine begänne mit einem »Breakfast«. Aber er läßt es sich nicht nehmen. Um sechs Uhr morgens steht er auf und handwerkt in der Küche. Wie Georgina bereitet er für mich eine »Tafel«. Den Rand des Tellers hat er mit Kartoffelblättchen garniert. Ich schaue kritisch: Jener Teil des Nachtschattengewächses ist giftig. Donny beruhigt mich: »Du kannst sie mitessen! Ich habe sie in heißem Öl gewendet. Es ist sicher neu für dich!« Er hat recht, völlig neu!

In meinem Kopf war längst ein Gedanke gereift. Der Name eines »Dry-stone-dykers« steht in meinem Tagebuch, der eines Lokführers und manch anderer. Die Enkelin von Sir Walter Scott hatte es signiert und Lady Cawdor. Warum nicht auch ein MacDonald? So bitte ich Donny darum. Als er es sich auf den Oberschenkel legt und zu schreiben beginnt, sehe ich: So lang kann kein Name sein, was mag er da notieren? »Neugierde macht einen langen Hals!« ermahne ich mich. »Mit dem Aufschlagen des Büchleins werde ich bis zum Flughafen warten.«

Dann der Abschied. Er steht quasi für ganz Schottland. Das ist die Bäuerin am Lecht, das ist Kristin, das ist Chrissie, das sind Georgina und alle menschlichen Stationen, die auf dieser Reise lagen. Was ich mit dem Gedanken an Donnys Namen in meinem Tagebuch im Kopf hatte, hat Donny längst in seiner Hosentasche: ein kleines Andenken. »Nimm das mit! Es soll dir Glück bringen!« Mit diesen Worten drückt er mir etwas Hartes in die Hand. Es ist ein kleiner Ammonit. Donny betont noch: »Hier gefunden!« Dann fragt er: »Wann geht dein Flugzeug?« Ich antworte: »Gegen halb neun!« »Wann genau?« möchte er wissen. »Was für eine Maschine?« Ich werde präziser: »Um acht Uhr fünfunddreißig, eine kleine Boeing, der *Air Lingus* – Kleeblatt am Leitwerk.« Der Flughafen liegt nur wenig entfernt; man »hört« ihn. Donny nickt: »Gut, wenn du abfliegst, werde ich am Fenster stehen!«

Vierfaches Hundegebell begleitet mich, als ich vom Hof radle. Abschiedsgebell. Donnys Leibesfülle blockiert wieder die Tür. Ge-

Nach 4000 Kilometern »Celtic Trail« zwar etwas muskelmüde, aber voller Eindrücke und Erinnerungen

nauso wurde ich empfangen, von seinen »Kindern« und von ihm.

Ich habe meine Bordkarte. Gepäck und Rad sind bereits auf dem Weg zur Maschine. Was hatte Donny in mein Tagebuch geschrieben? Ich hole es hervor, schlage es auf und lese:

> »Wohin du nun weiterreist, die besten Wünsche und viel Glück. Es war sehr schön, dich in unserem Haus zu haben, und wir hoffen, dich wiederzusehen.«

Schottland, du kannst nicht nur umarmen und auf die Wangen küssen! Du kannst auch »von innen« berühren! Und warum eigentlich »*wir* hoffen«? Donny lebt doch allein. Ich begreife:

Er hatte für sich und seine »Kinder« gesprochen.

Reiseland Schottland

Am Ende eines solchen Buches können keine üblichen Hinweise stehen. Sachdienliche Information ist in erster Linie Aufgabe von Reiseführern. Hier handelt es sich um einen Erlebnisbericht. Nachfolgend jedoch eine kleine Stichwortsammlung, die für Schottland-Interessenten hilfreich sein könnte.

Reisen: Wann? Wie? Wo?
Für Schottland bieten sich zwei Reisetermine an: Frühling und Herbst. Die Azaleen- und Rhododendrenblüte ist von Ende Mai bis Mitte Juni. Zur gleichen Zeit blüht der Stechginster. Die Heideblüte fällt etwa in die Zeitspanne: Mitte August/Anfang September (je nach Höhenlage). Diese Reisetermine haben den Vorteil, daß sie außerhalb der »Touristensaison« liegen. Naturfans werden eher den späteren bevorzugen.

Nur ganz wenige dürften auf den Gedanken kommen, wie der Autor Schottland mit dem Fahrrad zu bereisen. Erlebnishunger hat Grenzen. Das Land ist für Radler eine »Prüfung«. Wer jedoch bewußt auf das eigene Fahrzeug verzichten will und öffentliche Verkehrsmittel benutzen möchte, für den hält Schottland etwas Besonderes bereit: Reisen als Passagier im kleinen Postbus (Royal Mail).

Selbst auf den Inseln erreicht man so entlegene Winkel. Eine originelle und sicher erlebnisreiche Art, durchs Land zu kommen. Die Fahrpläne (auch für die Orkney-Inseln/Hebriden) gibt es bei:

Royal Mail Public Relations
West Port House, 192 West Port
Edinburgh EH3 9HS

Die Frage »Wo?« wird durch den Faktor »Zeit« beantwortet. Die Reise des Autors dauerte von August bis Oktober. Das sprengt ein normales Urlaubsmaß. Wem nur wenig Zeit zur Verfügung steht, der sollte sich unbedingt bescheiden und keine »große Rundreise« planen. Weniger ist letztlich mehr! Bei einer Gebietsauswahl helfen die Reiseführer.

Schottland ist ein Land für Individualisten. Wie wäre es deshalb mit einer Route abseits der üblichen Angebote? Hier nur ein paar Stichworte: in den Spuren der Mönche, der Wikinger, des letzten Stuart, zu alten Kulturen, Inselspringen, Schottland mit Wandern ...

Wer vorab weiß, daß er das ganze Land – oder dieses mehrfach – bereisen wird, sollte nicht bei den Highlands beginnen. Höhepunkte hebt man sich für später auf. Bereits südwestlich von Edinburgh, sowie im Dumfries und Galloway findet man typisches Schottland. Es wäre ein guter Einstieg.

Das liebe Wetter

Es hilft kein Drumherumreden: Wer nach Schottland fährt, der sollte sich auf einen »nassen« Urlaub einstellen. Kommt es besser, mag er sich freuen. In der Reiseliteratur ist gerne von »meist kurzen Schauern« die Rede. Nicht nur das Ehepaar aus Stuttgart, das nach zwei Wochen Dauerregen seinen Schottlandurlaub abbrach, könnte anderes berichten. Das Nordmeer-Hoch, welches mir längere Zeit blauen Himmel bescherte, war die Ausnahme, die nachfolgende Regenphase eher normal.

Man sollte sich also auf Nässe einstellen und die Bekleidung/Ausrüstung darauf abstimmen. Einige feste Regeln gelten auch beim ansonsten unbeständigen schottischen Wetter: Der Osten ist trockener/sonnenreicher als der Westen. Steht ein Gebirgszug quer zur Windrichtung, kann man hinter den Bergen mit Wetterbesserung rechnen (Föhneffekt). Für die vorgelagerten Inseln gilt: schnelle Wetterwechsel. Die vorherrschende Windrichtung in Schottland ist Südwest bis Nordwest. Der *Haar*, eine bekannte Nebellage an der Nordostküste, wurde in dem Buch erwähnt.

Die Sprache

Jeder, der etwas Englisch spricht, kommt gut durchs Land. Auch auf den Hebriden, wo etwa 80% der Bevölkerung gälisch sprechen, wird man dem Fremden zuliebe ins Englische fallen. Daß schottisches Englisch seine Eigenarten hat, ist bekannt. Ein sprachliches Problem daraus zu machen, wäre überzogen. Der Gesprächspartner merkt schon, wenn man etwas nicht versteht und wird umformulieren. In Gegenden mit vorwiegend gälisch sprechender Bevölkerung sind die Ortsschilder zweisprachig. Das gilt nicht immer für die Namen auf Landkarten. Wer landschaftliche Begriffe verstehen will, der braucht, falls sein Reiseführer darüber keine Auskunft gibt, ein gälisches Wörterbuch.

Generell: Wer kein, oder nur ganz wenig Englisch spricht, wird dem Land und seinen Menschen nicht in dem Maße nahekommen, wie es für ein echtes Schottlanderlebnis wünschenswert ist.

Dieses »Tagebuch« zeigt, wie sehr eine Reise durch das persönliche Gespräch an Inhalt gewinnt.

Land und Leute

Schottland hat eine turbulente, tragische und blutige Geschichte. Schon ein Blick auf den Stammbaum seiner Herrscher macht das deutlich: Kenneth I. ermordet, Kenneth II. ermordet, Duncan I. ermordet, Duncan II. ermordet... Clan gegen Clan, der Adel gegen den Herrscher, die Kirche mit eigener Front. Allen Wirren aufgesetzt: England! Das Land und seine Menschen verstehen, setzt Geschichtskenntnisse voraus. Ich möchte in diesem Zusammenhang einen Titel empfehlen: Hermann Schreiber »Schottland, Geschichte eines Landes am Rande Europas« (ISBN: 3-925825-41-X). Schottlandbesucher müssen damit rechnen, englischfeindliche Töne zu hören, sicher nicht im Hotel, eher im privaten Gespräch. Man ist deshalb gut beraten, einen Schotten nicht als Engländer zu bezeichnen/anzusprechen (obwohl es natürlich auch englandfreundliche Schotten gibt).

Falsch ist die Annahme, man träfe auf der Reise viele Schotten in ihrer Nationaltracht. Was diesbezüglich zu sehen ist, sind oft »Fotomotive« (Beispiel Gretna Green). Anderes ist eher die Ausnahme, etwa bei Festlichkeiten. Wer das Schottland der Kilts sehen will, der erfrage die Termine der »Highland Games«. Er muß dann allerdings mit einem entsprechenden Menschenauflauf rechnen.

Das alte Schottland

Der Begriff »Clan« ist zwar heute noch in aller Munde, doch seit der Schlacht von Culloden gibt es das alte System nicht mehr.

Ein Rückblick

Die Schotten verdanken ihren Namen den Römern. Diese nannten die Iren (Kelten) »Scoti«. Der lateinische Begriff kam mit den Kelten nach Schottland (damals noch das Reich der Pikten). Die Einwanderer etablierten zwangsläufig auch ihr Gesellschaftsystem. Dieses bestand aus praktisch unabhängigen Familien oder Gruppen. Man nannte sie »Clans«.

Der sprachliche Ursprung liegt im Gälischen: clann = Kinder. Jeder Clan hat einen »Begründer«, auf den alle Mitglieder ihre Abstammung zurückführen. Der für alle gleiche Name drückt die Clanzugehörigkeit aus. (MacGregor, MacDonald, MacLeod, »Mac« = Sohn«.)

Das Oberhaupt eines Clans trug die allumfassende Verantwortung für die Gruppe. Die Mitglieder des Clans verhielten sich wiederum entsprechend loyal. Ein solcher Verband war sozial sehr stabil; er widersetzte sich Einwirkungen von außen. Das Ziel einer »Besatzungsmacht«, hier England, mußte es also sein, das Clansystem zu sprengen. Nur so konnte der eigene Herrschaftsanspruch gesichert werden. Die verlorene Schlacht des letzten Stuart (s. Culloden) markiert quasi das Ende des alten Schottland. Die Clan-Oberhäupter wurden ultimativ aufgefordert, dem englischen König die Treue zu schwören. Wer dem nicht Folge leistete, dem drohte das »Letter of fire and sword«.

Mit der Schlacht von Culloden war der letzte militärische Widerstand der Highlanders gebrochen. Man mußte sich beugen. Der Treueschwur auf den König aber bedeutete den Verlust der Verantwortung für den eigenen Clan. Aus den Chiefs wurden übliche Landbesitzer, aus den Mitgliedern des Clans »Crofter«, Kleinbauern/Pächter. Das Clansystem war tot und mit ihm das alte Schottland.

Geblieben sind die Erinnerungen an die Geschichte, Patriotismus, teils Wehmut und die innere Distanz zu England. Überlebt haben aber die Namen vieler Clans und damit das Gemeinschaftsgefühl, das sich mit dem Tragen des gleichen Namens verbindet. »Bin ich auch nicht reich (oder von Adel), so bin ich doch ein MacLean!« Der Ausspruch hat noch immer Gültigkeit.

Im Zusammenhang mit dem Begriff »altes Schottland« muß auch mit dem Irrtum aufgeräumt werden, daß das bekannte schottische Hochlandrind ein Relikt der damaligen Zeit sei. Das Rind im alten Schottland war schwarz, etwa vergleichbar dem »Angus«, das man nun auch vermehrt auf unseren Weiden antrifft. Wer auf Schottlands Wiesen schwarzes Vieh mit einem weißen Bauchring sieht, steht vor »white belted angus«. Er ist damit dem alten Schottland näher als beim Fotografieren eines Hochlandrinds.

Vom täglichen Brot

Reiseführer beschränken sich hier in aller Regel auf das Zitieren von Menükarten und sonstiger Gaststättenangebote. Offensichtlich wird verkannt, daß ein großer Teil aller Urlauber ganz oder zumindest teilweise Selbstverpfleger ist. Man denke nur an die vielen Camper und die, die im Urlaub wandern (von Radlern einmal abgesehen). Gerade Schottland ist ein Land für Natur-Urlauber und damit für Freizeitaktivitäten. Somit ist weniger interessant, was auf den Speisekarten der Top-Restaurants steht. Nebensächlich ist auch, daß man in Schottland Pizzas und auf andere Art »ausländisch« essen kann. Die Frage des Schottland-Urlaubers dürfte eher lauten: »Was ist ›normal-schottisch‹, wie ist das Angebot in den Geschäften?«

Die Antwort auf die letzte Frage ist recht einfach. Das Sortiment an Käse, Wurst, »gesunden« Backwaren (Vollkorn), Obst und Gemüse ist, verglichen mit dem bei uns, eingeschränkt. Wer anderes behauptet, spricht nicht von den üblichen Versorgungsquellen, sondern von irgendwelchen Supermärkten oder Spezialgeschäften in den Städten.

Das »normal-schottische« Essen beginnt schon mit dem bekannten »English breakfast«. Es paßt, da recht fett/ölreich, nicht in das Bild einer gesunden Ernährung, und mancher Magen verträgt zu früher Stunde so etwas nicht. Doch man kann den Gastgeber durchaus um eine Alternative bitten.

Die in den Reiseführern erwähnten »barmeals« lassen sich treffend skizzieren. Hier zunächst die Wertung eines anderen Schottlandreisenden: »Ich habe den Eindruck, daß irgendwann, irgendwo eine Speisekarte abgedruckt wurde und man diese tausendfach vervielfältigt an die Restaurants im ganzen Land verteilt hat!« Ich kann diese Uniformität bestätigen! Ansonsten: Kartoffeln werden nicht dadurch gesünder, daß man sie durch das Fett einer Friteuse zieht, Fisch nicht dadurch schmackhafter, daß man ihn ähnlich »satt« in Öl ausbrät, Salate gewinnen nicht, wenn man sie mit dicker Mayonnaise serviert, Gemüse, breiig zerkocht, hat das meiste seiner Inhaltsstoffe schon verloren, bevor es auf den Teller kommt; beim Brot erhöht sich mit dem Grad seiner »Weißheit« die Neutralität des Geschmacks (in der gleichen Relation schwindet sein Nährwert). Süße läßt sich steigern bis zum »Verzuckern«. Kurz gesagt: Die normale (!) schottische Küche hat folgende Mängel: zu fett, keine schonende Zubereitung, Mangel an gesunden Backwaren (Vollkorn), Mangel an Rohkost, Obst und Gewürzen.

Zur Entschuldigung der Schotten muß jedoch angeführt werden, daß in dem Land – ähnlich wie in Irland – Jahrhunderte der Hunger mit an den Tischen saß, und daß die Menschen andere Sorgen hatten, als Gaumenfreuden zu kreieren. Außerdem: Wer reist schon nach Schottland, um dort zu »speisen«? Die Liebe zu einem Land muß nicht »durch den Magen« gehen. Sie sollte ihren Platz woanders haben! Wer also Einwände gegen Steckrüben, Kartoffeln mit Pelle, Graupensuppe u. ä. hat, der lehnt damit auch ein Stück Schottland ab.

Glossar

1	Oranier-Orden	Zu Ehren von Wilhelm von Oranien benannte (katholikenfeindliche) Vereinigung
2	stone	altes englisches Gewichtsmaß 1 stone = 6,35 kg
3	blaue Kartenvermerke	bezieht sich auf die Kennzeichnung historischer Stätten in den Ordnance Survey-Karten
4	Piper	Dudelsackspieler
5	Kilt	schottischer Faltenrock; sein Webmuster (Tartan) gibt Auskunft über die Clanzugehörigkeit
6	Jakobiten	schottische Anhänger von König James VII. (von lat. Jacobus für »James«)
7	commended – approved	Klassifizierung bei Unterkünften: commended= »gut«, approved= »akzeptabel« (die beiden letzten Wertungen)
8	Covenanter	abgeleitet von »National Convenant« (Manifest), Anhänger einer radikal-protestantischen Bewegung
9	Thane	schottischer Adliger
10	P.G.	Namenskürzel des damaligen Goldaufkäufers in Helmsdale

11	Crowdie	Weichkäse
12	Monk	Fischart (kleiner Hai)
13	das »Große Glen«	tektonische Falte, verlaufend vom Moray Firth zu Loch Linnhe
14	acre	Morgen, Flächenmaß mit landeseigenen Unterschieden (ca. 2500–3000 Quadratmeter), ursprünglich die Fläche, die ein Bauer an einem Vormittag pflügen konnte.
15	cut	Torfstich
16	Ceilidh	Fest, früher Zusammenkunft mit Singen und Geschichtenerzählen
17	Stone of Destiny	Krönungsstein der schottischen Könige

Quellenhinweis

Für die Planung der Tour und die Erstellung des Manuskripts wurden folgende Publikationen verwendet:

Gilbert Summes, Schottland (Viva Guide)
Franz Rappel, Schottland
Friederike/John Poziemski, Schottland (DUMONT Richtig wandern)
Renate/Achim Kostrzewa, Schottland mit England und Wales (Reiseführer Natur)
Gerhard Herm, Die Kelten, Das Volk, das aus dem Dunkel kam
Hermann Schreiber, Schottland, die Geschichte eines Landes am Rande Europas
Frederik Hetmann, Märchen aus Schottland
Fitzroy Maclean, Schottische Clangeschichten
David Perrott, The Western Island Handbook
John Preeble, The Highland Clearances
John Preeble, Glencoe
Harper Collins Publishers, Burns Anthology
Alan Bold, Bonnie Prince Charlie
J.A. Carruth, Flora MacDonald, The Highland Heroine
I.F. Grant, The Clan Donald
John MacAulay, Silent Tower
Bill Lawson, St. Clement's Church at Rodel

Alexander Fenton, The Island Blackhouse
Scottish Youth Hostels, Association Guide to the Isle of Skye
Western Isles, Islands Council, History of Settlement
Anna Ritchie, Prehistoric Orkney
Patrick Ashmore, Maes Howe
David Clarke, Skara Brae
Jocelyn Rendall, Papay
Jocelyn Rendall, St. Boniface Kirk
Donald Calder, Life at Westside, Dunnet In the 1930's
Clan Gunn Heritage Trust, The Clan Gunn and its Country
Clan Gunn Heritage Trust, The Gunn Herald
John R. Hume, Dallas DHU Distillery
Landmark Press, Gefängnis von Inveraray
Iona Abbey Ltd., Iona Abbey and Nunnery
J. Saxon, The Kildonan Gold Rush
National Trust of Scotland, The Killiekrankie Story
National Trust of Scotland, Culloden
Cawdor Castle Ltd., Cawdor Castle
Sir Walter Maxwell Scott, Guide to Abbotsford (ohne Angaben), Traquair

Hinweis: Soweit die Autorenangabe fehlt, wurde der Verlag genannt.

Für die Streckenplanung wurde folgendes Kartenmaterial verwendet:

Michelin, Great Britain, Ireland
Ordnance Survey, Travelmaster, Schottland (in Einzelblättern)
Estate Publications, Skye and Lochalsh, Orkney Islands and Shetland, Western Isles

MIT DEM ABENTEUER UNTERWEGS

Reiseerzählungen im Paperback: Interessante und informative Erlebnisberichte aus allen Kontinenten mit Schwarzweißfotos – ungewöhnliche Reisen mit Grenzerfahrungen

Konrad Gallei / Gaby Hermsdorf
Blockhaus-Leben
Ein Jahr in der Wildnis von Kanada
224 Seiten,
32 s/w Fotos, 2 Karten
ISBN 3-89405-014-4

Dieter Kreutzkamp
Husky-Trail
Mit Schlittenhunden durch Alaska
256 Seiten,
52 s/w Fotos, 4 Karten
ISBN 3-89405-080-2

Christian E. Hannig
Im Land der Schotten
Die Highlands, Hebriden und Orkneys
ca. 250 Seiten,
ca. 40 s/w Fotos
ISBN 3-89405-077-2

FREDERKING & THALER

MIT DEM ABENTEUER UNTERWEGS

Reiseerzählungen im Paperback: Interessante und informative Erlebnisberichte aus allen Kontinenten mit Schwarzweißfotos – ungewöhnliche Reisen mit Grenzerfahrungen

Bernd Keiner
Quer durch den roten Kontinent
Unterwegs in Australien
224 Seiten,
46 s/w Fotos, 4 Karten
ISBN 3-89405-021-7

Werner Kirsten
Westcoast-Story
Auf dem Pazifik-Highway nach Süden
208 Seiten,
44 s/w Fotos
ISBN 3-89405-082-9

Carmen Rohrbach
Jakobsweg
Wandern auf dem Himmelspfad
304 Seiten,
40 s/w Fotos, 1 Karte
ISBN 3-89405-081-0

FREDERKING & THALER

ERLEBNISWELT BUCH - FÜR MENSCHEN, DIE MEHR ERFAHREN WOLLEN

Kulturberichte, die den geistigen Horizont erweitern, Brücken schlagen zwischen unterschiedlichen Menschen und Lebensweisen – informativ, engagiert, bildreich.

David Seven Deers (Hg.)
Die Menschen an meinem Ufer
Ein Fluß erzählt die Geschichte der Skwahla-Indianer
120 Seiten, 18 Farbfotos
Geb. mit Schutzumschlag
ISBN 3-89405-355-0

Fred Bruemmer
Mein Leben mit den Inuit
Reisen zwischen Grönland und Alaska
176 Seiten,
23 s/w-, 27 Farbfotos
Geb. mit Schutzumschlag
ISBN 3-89405-350-X

Winona LaDuke
Last Standing Woman
Eine indianische Saga von 1862 - 2018
304 Seiten,
42 s/w Fotos, 1 Karte
Geb. mit Schutzumschlag
ISBN 3-89405-385-2

FREDERKING & THALER

ERLEBNISWELT BUCH - FÜR MENSCHEN, DIE MEHR ERFAHREN WOLLEN

Barbara Veit
Traumsucher
Walkabout in Westaustralien
192 Seiten,
57 Farbfotos, 1 Karte
Glanzeinband
ISBN 3-89405-370-4

Kulturberichte, die den geistigen Horizont erweitern, Brücken schlagen zwischen unterschiedlichen Menschen und Lebensweisen – informativ, engagiert, bildreich.

Désirée v. Trotha
Die Enkel der Echse
Lebensbilder aus dem Land der Tuareg
208 Seiten,
42 Farbfotos, 1 Karte
Geb. mit Schutzumschlag
ISBN 3-89405-379-8

Carmen Rohrbach
Im Reich der Königin von Saba
Auf Karawanenwegen im Jemen
199 Seiten,
22 Farbfotos
Geb. mit Schutzumschlag
ISBN 3-89405-396-8

FREDERKING & THALER